선교사의
선교지정착

Mission Field Settlements of Missionary

선교사의
선교지정착

Mission Field Settlements of Missionary

초판 1쇄 인쇄 2019년 10월 15일
초판 1쇄 발행 2019년 10월 20일

지은이 정승회
펴낸이 오광석

펴낸곳 도서출판 좋은미래
등록 제 40호
주소 14995 경기도 시흥시 승지로60번길 25(능곡동) 센타프라자7층
전화 031)405-0042~4
팩스 031)484-0753

디자인 성진인쇄소

ISBN 979-11-9645-781-5

선교사의 선교지정착

Mission Field Settlements of Missionary

정승회

책 머리에

하나님의 은혜로 40년을 하루같이 태국에서의 선교사역을 마쳐가고 있다. 그간 나는 선교지에서 40년을 사역해 오면서 **선교사의 선교지 정착**이 선교사의 선교사역을 크게 좌우한다는 사실을 깊이 깨달았다. 아니 진정한 선교 사역의 기반이라고 본다.

그러나 주변을 살펴보면 선교지에 정착되지 못한 선교사들이 선교지에 오랫동안 있었다는 이유만으로 선교지에 정착된 것처럼 오해하고 사역하고 있는 모습을 보면서 장래가 염려되어 어떻게 하면 이들로 하여금 선교지 정착이 무엇인지를 바르게 이해하고 선교지에 제대로 뿌리를 내리고 정착된 모습을 가지고 효과적으로 선교 사역을 감당 할 수 있게 함으로 내일이 있는 선교사역을 감당하는 선교사들이 되게 할 수 있을 것인가에 대하여 계속 생각하여 왔다.

그러나 이런 상황을 생각하고 염려하는 사람은 아무도 없는 것 같이 보였다. 선교사를 파송한 총회나 파송 교회, 파송 단체는 선교를 잘 알지 못하여 이에 대한 대책이 나오지 않고 있었으며, 선교 현지 선교사는 먹고 살기에 바빠서 이런 문제를 생각할 여유조차 없는 것 같이 보였다.

나는 태국 선교를 마쳐 가면서 늦게나마 후배들에게, 그리고 선교를 하는 교회들에게 이런 사실을 알려 주고 싶었다.

그렇다고 내가 태국선교사로 완벽하게 선교지에 정착한 선교사라고 감히 말하지 않는다. 그러나 적어도 선교지에 정착 되는 길에 들어서기는 하였다고 생각한다. 그래서 이런 길에 도착되지 않은 선교사들을 위하여 조금이나마 도움을 주기 위하여 이를 책을 출판하기로 하였다. 아울러 이를 통해 나 자신도 선교사역을 다 마치기 전에 좀 더 완벽한 선교사의 선교지 활착을 완성시키는 선교사가 되기를 소망해 본다.

이 책을 읽는 후배들이 *"내가 진정 선교지에 정착한 선교사인가?"* 를 살펴보는 기회가 되고, 내가 예수님이나 바울처럼 선교사의 선교적인 Incarnation을 바르게 성취하여 나의 선교사역을 제대로 감당함으로 자신도 복되고, 선교지도 나를 통해 선교적인 구원을 성취하는 주님의 은혜가 넘치는 선교사역이 되기를 바란다.

鄭勝會 宣教師

Recommendation
추천사

    총신대 신대원에서 함께 수학했던 정승회 선교사님이 그의 40년의 선교 경험을 바탕으로 **"선교사의 선교지 정착"**이라는 한국교회에 유용한 책을 출판하게 된 것을 진심으로 축하한다.

    "선교사의 선교지 정착"이라는 본서는 다음의 몇 가지 이유로 한국교회와 여러 선교지에서 사역하는 많은 선교사와 가족들에게 크게 유익하리라 사료된다.

    첫째, 본서는 하나님의 구속역사 진행과 성취를 위해 필수적인 선교 대 명령에 순종하여 선교지에서 한 평생을 보낸 정승회 선교사님의 선교 지향적인 삶을 정리한다는 의미에서 크게 유익한 책이다.

    둘째, 본서는 한 선교사가 선교를 시작하여 어떻게 순종하는 것이 최대의 효과와 영광을 하나님께 바칠 수 있는지를 오랜 선교의 경험을 한 원로 선교사로부터 안내 받을 수 있다는 점에서 꼭 필요한 책이다.

    셋째, 본서는 선교사를 파송하는 일에는 열정적으로 참여하지만 선교사 파송 이후 선교사가 효과 있게 선교를 할 수 있도록 후원하고 지도하고 보살피고 책임져야 할 한국교회에 선교 안내서 역할을 할 수 있다는 점에서 시의 적절한 책이라고 사료된다. 한국교회는 선교사를 파송하는 일에도 적극적이어야 하지만 또한 선교사들도 인간이요 하나님의 섭리로 시간이 지나면 늙어가고 또 은퇴해야 한다는 사실을 명심하고 선교사 일생의 전반에 해당하는 선교정책을 세워 선교사들을 후원해야 할 것이다.

　본서는 비록 제한적이기는 하지만 이와 같은 선교사의 한 평생을 염두에 두고 어떻게 선교를 진행하는 것이 가장 효과적인 사역이며 또한 선교사와 파송하는 한국교회가 마무리를 어떻게 하는 것이 가장 바람직한 것인지를 제시해 주고 있다.

　본 추천 자는 선교지에서 선교사들의 정착을 위해 귀한 지혜를 제공하고 저자 자신의 풍부한 선교 경험을 바탕으로 선교의 사역을 잘 수행할 수 있도록 큰 교훈을 제공하는 본서를 적극 추천한다.

　본서는 선교지에서 사역하고 있는 선교사들은 물론 선교에 관심이 있는 국내 교회의 리더들이 꼭 읽어야 할 책이다.

2019년 4월 25일

박형용 박사
전 합동신학대학원대학교 총장, 현 명예교수

완타니 박사의 추천사

나의 은사이신 정승회박사께서 "선교사의 선교지 정착"이라는 책을 쓰신 것에 대하여 한 없이 기쁘게 생각합니다.

정선교사님은 하나님의 특별한 부르심을 받아 태국 선교사가 되었으며 태국교회의 고급 지도자들의 지도를 받으며 주님의 일을 성공적으로 감당한 신실한 선교사입니다.

그는 깊이 있는 성경의 해석을 바탕으로 40년간의 태국 선교 현장 경험을 통하여 선교사에게 가장 필요한 선교지 정착이라는 문제를 해결하고 후배 선교사들에게 도움을 주기 위하여 이 책을 저술하였습니다.

그는 태국 선교의 타깃을 목회자에게 두고 방콕에 방콕목회대학원을 설립하여 15년, 치앙라이에 치앙라이 장로교신학교를 세워 16년, 방콕에 미국 위클립대학교 분교를 개설하여 12년을 거치면서 태국교회의 목회자들을 학사에서 석사로, 그리고 박사까지 끌어 올리는 놀라운 사역을 감당하였습니다.

저는 정선교사 부부를 만나고, 알고, 이해하고, 감동을 받고 복을 받기 시작한지 약 30년 정도 되었습니다. 이 책을 읽는 사람들은 나와 같은 감동과 은혜를 느끼게 될 것으로 믿어집니다.

그는 평소 우리들에게 능력이 많은 사람으로 나타났으며, 태국선교의 경험이 다른 선교사가 따를 수 없는 깊은 경지에 도달되어 있는 것으로 보였으며 태국교회 지도자들도 이를 인정하고 있습니다.

뿐만 아니라 그는 태국교회 목회자들의 자질 향상과 깊은 성경 이해는 물론 수준 높은 목회사역에 대한 욕망과 담대함으로 목회자들을 교육하고 훈련하여 교회성장을 꾀하였습니다.

저는 정승회, 김영숙 선교사 두 분이 태국 목회자들에 대한 사랑과 소망을 보았고 자세하게 지도해 주는 것과 항상 우리들의 상담자가 되어주신 것에 대하여 깊은 감사를 드립니다.

정선교사님이 쓰신 이 책 위에 하나님의 복이 넘쳐서 이 책을 읽으시는 모든 분들에게 새로운 성령의 빛이 비추어져 선교사역이나 삶을 통하여 하나님께 영광을 돌리는 역사가 있기를 기대합니다. 하나님의 복이 넘치기를 기도합니다.

주 : 완타니박사는 방콕 싸막키탐교회의 권사이며 설교자이고, 태국싸막키탐오순절교단이 운영하는 목회자훈련원장이며, 정선교사에게는 바울에게 있었던 눈이라도 빼주려는 동역자요 후원자 이다. 그는 우리를 자신의 형제처럼 대하고 있다.

Contents

목 차

시작하는 말

농학 용어에 "**착지(着地)**"라는 용어가 있다. 이는 나무, 꽃, 식물 등을 한 지역에서 다른 지역으로 옮겨 심었을 때 그 식물이 새로운 토양에 뿌리를 제대로 내리고 그 토양에 적응되어 성장의 기반을 다진 상태를 가리킨다. 이런 식물은 죽지 않고 그 토양에 적응되어 잘 자라고 끝내 열매를 맺게 되는 것을 말한다. 이렇게 되면 이 식물을 다른 나라나 지역에 옮겨 심은 것이 성공한 것이다. 바로 그 나라의 식물이 된 것이다.

선교사는 다른 문화권에 옮겨진 식물과도 같아서 한국적인 土壤에서 생소한 토양에 옮겨진 식물처럼 그 곳에 着地되고 活着되지 않으면 그 식물이 죽는 것처럼 그 선교사의 선교 사역은 실패하게 되어 있다.

이런 상황은 당장 나타나기도 하고, 한 동안 살아있는 것 같은 모습을 보이다가 죽기도 하고, 오랜 기간 살았다 죽었다를 반복하다가 죽기도 하고, 제대로 성장하는 것 같았으나 열매는 맺지 못하는 상황으로 나타나기도 한다.

선교사가 파송을 받아 도착한 선교지는 한국과는 전혀 다른 상황의 다른 땅, 새로운 나라이다. 선교사는 우선 이 땅에서 살아 남아야 선교사가 될 수 있다. 이 땅에서의 適應이 우선이다. 그들과 한 풀이 되는 것이다. 선교지 사람처럼 되는 작업이 있어야 한다. 이런 작업이 끝나기 전에는 절대 선교사역을 시작해서는 안된다. 예수님도 이 땅에 오셔서 30년간은 이 땅의 사람이 되는 기간으로 삼았다.

서양 선교사들은 선교지에 도착하면 선교지 理解와 適應을 위한 훈련을 받는다. 그러나 우리들은 선교 현지에 도착하면 일할 생각부터 한다. 말은 못해도 돈으로 선교 사역을 시작한다. 성질이 급한 것은 아는데 현지 적응이 되지 않은 상태에서 사역을 시작하면 현지 적응의 기회는 잃고 적응되지도 못한 상태에서 선교사역을 하게 되기에 한국교회는 속 없이 좋아 하겠지만 이 선교사는 시작부터 실패한 선교사로 선교 사역을 시작하게 된다.

선교 현지 언어 훈련으로 모든 현지 적응 훈련을 마쳤다고 생각하면 않된다. 선교지를 어느 정도 알게 되면 그 때부터는 선교지 적응 훈련은 불가능한 상태가 된다. 나의 교만이 이를 용납하지 않기 때문이다.

사업에서도 마찬가지 이다.
일본 사람들은 어느 나라에 가든 그 나라에 제대로 적응하기까지는 일을 시작하지 않는다. 그러나 한국인은 그 나라에 도착하자 마자 사업을 시작하려 한다. 그래서 먼저 온 한국인이나 현지인들이 이제 온 한국 사람들의 돈을 보고 그 돈을 빼앗기 위하여 모든 수단과 방법을 가리지 않고 접근하여 사업이 시작 되기도 전에 사업 자금을 다 허비하고 마는 수가 비일비재 하다.

선교사들은 하나님의 사업을 하는 사람들이다.

하나님과의 좋은 관계는 말 할 것도 없고, 선교지 현지인들과 한 품이 되는 날이 선교를 시작하는 날이 되어야 옳다.

선교지 현지인들과 한 품이 되기 위하여는 많은 시간이 필요하며 선교사의 많은 노력 또한 필요하다. 선교지에 있기만 하면 자연 성취되는 과업이 아니다. 내가 얼마만큼 선교지 적응을 위하여 노력하였는지는 나중에 사역의 결과로 말 할 수 있어야 한다.

선교지 정착은 선교사 자신 뿐 아니라 파송 교회나 단체가 이 일을 적극적이고 구체적으로 선교 현지에서 신임 선교사에게 실시해 주어야 그가 선교현지에 제대로 적응하게 되고 현지인과 한 품이 되어 효과적인 선교사역을 감당해 줌으로 본국 파송교회나 현지 수용단체가 동일하게 하나님의 복을 받는 모습을 갖게 될 것이다. 이런 선교사 정착에는 이미 선교지에 와서 정착하고 있는 선배 선교사들을 활용하여 교육과 훈련을 시킨다면 쉽게 후배 선교사들을 현지에 정착시킬 수 있겠다.

제1장

예수의 인카네이션과 인간화

하나님은 최초의 인간이 범죄 함으로 "인간 구원 계획"을 수립하게 되었다(창 3:15) 이 구원 사역은 인간 세상에 있는 죄인을 통하여 감당 할 수 있는 사역이 아니라 전적으로 하나님만이 감당하실 수 있는 사역이었다. 이는 죄인이 죄인을 구원 할 수 없기 때문이다.

이 세상의 모든 종교적 입장은 "죄인으로 하여금 죄인을 구원"하도록 하는 방법이어서 죄인이 진정으로 구원 받을 길이 없는 것이다.

이런 하나님의 죄인 구원의 계획에 의하여 하나님의 독생자 예수 그리스도를 선택하여 이 죄악 세상에 보내기로 작정하시고 죄인이 죄인을 구원하는 상황을 피하기 위하여 마리아를 모친으로 선택하시고 요셉이라는 부친이 있었으나 그를 제쳐 놓고 성령께서 직접 활동하셔서 마리아를 통하여 예수를 잉태케 하시고 마리아와 요셉 가정에 탄생하게 하시고 30년간 이들의 보호아래 성장하신 후 3년간 구속자의 사역을 감당하시다가 마침내 십자가에 달려 돌아가심으로 이 세상 죄인들의 구속을 완성해 주신 후 부활 하셔서 하늘나라로 돌아가심으로 "하나님의 밋션"을 이 세상에서 완성하셨다.

하나님이신 예수께서 이 세상에서 하나님의 밋션을 완수하시기 까지는 하나님의 인간화가 필요(눅 19:10, 요3:16, 갈 4:4, 요일 3:8, 빌 2:5-11)하였다. 하나님의 모습으로는 사람을 진정으로 도와 줄 수 없고 하나님이 진정한 사람이 되어야 사람을, 죄인을 바로 도와 줄 수 있는 길이 열리겠기 때문이었다.

예수님의 이 세상에서의 모습은 진정한 사람의 모습(요 1:14, 말씀이 육신이 되어)이었다. 하나님께서 완전한 사람이 되신 것이다. 이를 위해 30년을 참으셨다. 그리고 때가 되어 사람들 속에서 하나님의 일을 진행하셨다.

우리는 예수님을 최초의 선교사라고 부른다.

구원받은 사람들이 많은 나라의 교회들은 하나님의 죄인을 사랑하는 뜻을 받들어 선교사들을 선택하여 구원받아야 할 죄인들이 많은 나라에 파송하고 있다.

예수의 선교사적 성육신(인카네이션)은 초자연적인 잉태와 동정녀 탄생으로 실현되었으며, 이 성육신을 통하여 예수는 인류의 일원이 되면서 선교 사역이 시작되었다.

이렇게 타 문화권에 파송 받은 선교사들은 마치 하늘에서 이 땅 위에 보냄을 받은 예수님이 이 땅의 사람이 되어 죄인을 도와서 구원의 역사를 이룩한 것 같이 파송 받은 선교사는 타 문화권에서 그들과 한 풀이 되어 그들을 구원해 내야 하는 사명을 띄고 있는 것이기에 예수님의 선교사적인 성육신이 선교지 동화를 성취하고 구원의 역사를 현지에서 이룩하여야 하는 존재임을 인식하고 노력해야 한다.

1. 예수의 하나님 신분

원래 예수님은 사람이 아니고 하나님이시었다. 그는 하나님의 독생자이시다. 그러나 하나님의 이 세상을 구원하는 계획을 수립하고 이를 수행하는 수행자로 예수께서 선택되어 하나님의 신분을 그대로 유지한 채 이 세상 사람으로 오셨다. 따라서 예수님은 우리와 달리 진정한 하나님이시면서 진정한 사람이었다. 이런 신분을 우리 인간들은 전혀 이해 할 수 없다.

그러나 이는 사실이다.

예수님이 하나님이심을 성경은 여러 곳에서 증명해 주고 있다.

(1) 구약성경에서 시 2:6-12(히 1:5), 45:6-7,(히 1:8-9), 110:1(히 1:13),사 9:6, 단 7:13, 미 5:2, 슥 13:7, 말 3:1에서 예수의 신성을 증명해 주고 있으며

(2) 요한복음서에서 1:1-3, 14, 18, 2:24-25, 3:16-18, 35-36, 4:14-15, 5:18, 20-22, 25-27, 11:41-44, 20:28, 요일 1:3, 2:23, 4:14-15, 5:5, 1-13, 20에서, 바울서신과 히브리서에서는 롬 1:7,9:5, 고전 1:13, 2:8, 고후 5:10, 갈 2:20, 4:4, 빌 2:6, 골 2:9, 딤전 3:16, 히 1:1-3, 5,8, 4:14, 5:8에 증명하고 있으며

(3) 공관복음에서 마 5 ㅣ 17, 9:6, 11:1-6, 27, 14:33, 16:16-17, 28:18, 25:31-, 막 8:38 등에서 이를 증거하고 있으며

(4) 예수의 자의식에서 마11:27(눅10:22), 21:37-38(막 12:6, 눅 20:13), 22:41-46 (막 13:35-37, 눅 20:41-44), 24:36(막 13:32), 28:19 과 마 7:21, 10:32-33, 11:27, 12:50, 15:13, 16:17, 18:10, 19, 35, 20:23, 25:34, 26:29, 53,

눅 2:49, 22;29, 24:49, 요 3:13, 5;17—27, 6:37-40, 57, 8:34-36, 10:17-18,30, 35-36에서 증거하고 있다.

예수께서 마리아에게 잉태될 때 "성령으로 잉태" 되었다고 증언해 주고 있으며, 예수님이 세례를 받으실 때 "이는 내 사랑하는 아들이니"라고 증언해 주고 있고, 변화 산에서도 "이는 나의 아들 곧 택함을 받은 자니 너희는 그의 말을 들으라" 라고 확인해 주고 있다.

뿐만 아니라 예수님의 사역 중에 일어난 모든 이적들을 살펴보면 하나님이 아니면 도저히 감당할 수 없는 이적들을 행하셨다. 각종 병자를 고치신 일, 귀신을 쫓아내신 일, 5,000명을 먹이신 일을 비롯하여 하나님의 말씀을 전함에 있어서 어떤 주의 종이나 설교자들이 말할 수 없는 능력의 말씀을 전하시고, 하늘나라의 비밀을 말하였으며, 예언을 말하는 등 사람으로써는 할 수 없고 하나님만이 하실 수 있는 교훈과 실천을 보여주셨다.

예수께서 인간으로 이 세상에 오셨으나 예수의 신성은 완전하게 보존되어야 했다. 이로서 진정한 구속자의 사명을 감당할 수 있게 되기 때문이다. 그러나 이 세상에서 하나님의 능력을 자주 사용하셔서 예수께서 하나님이심을 확실하게 보여 주셨다. 그렇치만 예수의 구속 사역에는 순전한 인간으로써 그 사명을 감당하셨다.

선교사는 선교지 화하는 과정에서 선교사의 오리지널한 정체성(본전)을 잃어서는 안된다. 이를 선교지에 심는 것은 아니지만 이를 잃게 될 때 선교사의 모습을 상실하는 것이 되기 때문이다.

구속 사역을 앞에 놓고 전개된 모든 상황을 살펴보면 하나님의 모습을 전혀 찾아 볼 수 없었다. 이로써 가룟 유다를 비롯하여 모든 제자들의 기대가 무너지게 되었고 잡혀가는 예수를 저버리고 모두 도망친 것이다.

이 구속 사역은 순전한 인간으로 담당해 주어야 하기 때문이었다.

우리 선교사들이 예수를 선교사들의 모델로 삼는다면 다음의 몇 가지를 본받을 일이다.

1. 능력있는 선교사의 모습

예수는 하나님이시기에 모든 능력을 갖춘 선교사로 간주하게 되는데 우리들도 진정한 선교사의 삶과 사역을 감당하려면 현지 지도자들 보다 많은 능력의 소유자(행 3:6-8)가 되어야 한다. 한 가지 만이라도 그들보다 우위에 있을 때 선교지에서의 사역을 제대로 감당할 수 있을 것이다. 많은 선교사들이 이런 특별함이 없는 선교사이기에 선교지에 필요한 선교사로 나타나지 못하고 있는 것을 본다.

나는 찬송을 좋아했고, 한국에서 찬송지도의 경험도 있었기에 상대적으로 찬송이 약한 태국에서 사역하는데 그들에게 지지 않아서 태국 선교를 찬송으로 이끌어 갔다고 말 할 수 있다.

이렇게 선교지의 지도자들이 부족한 부분을 내가 가지고 있으면 태국 선교에 살아남기가 한결 수월하게 된다.

2. 순결한 선교사의 모습

예수는 하나님으로 순결한 분이다. 선교사의 삶과 사역이 순결 할수록 선교사의 사역을 제대로 감당하게 된다. (마 10:16)

특히 예수님은 제자들에게 정치적인 사람이 되지 말 것(막 10:37-38)을 주문 하셨다. 사람들은 정치적이다. 그러나 여기에서 말하는 정치적이란 말은 추접스럽고 더러운 세상 정치를 말한다. 하나님의 정치는 세상 정치와 정반대되는 정치이다. 이런 순수함으로 정치적 리더십을 발휘하는 선교사가 될 때 진정한 선교사의 사역을 감당하는 예수님 같은 진짜 선교사가 될 것이다.

나는 태국 선교 40년 동안 태국인과 어떤 정치적인 대결을 한 일이 없다. 내 일도 바쁜데 나를 선전하여 어떤 자리를 차지하는 것에 대하여 부적절하다고 생각하기 때문이며 이렇게 하면 태국인과 자연 원수가 될 수 있다.

김순일 선교사도 태국기독교총회의 청년국장에 선출되었을 때 경쟁자였던 아짠 피싸누의 도전을 받은 일이 있다고 고백하고 있다.

선교사에게 삶의 흠이 있어서도 않되지만 어떤 일로 선교 현지 지도자들과 정치적인 경쟁관계에 있게 되는 것은 선교사에게 바람직하지 못하다고 하겠다.

혹시 자신이 원하지 않았으나 현지인이 특별히 원하여 선교 현지의 어떤 기관이나 단체의 지도적인 자리에 앉게 되었다 해도 조심스러운 자세를 가지고 일을 담당하고 그 일을 속히 마칠 일이다.

3. 지혜로운 선교사의 모습

예수는 지혜가 있는 분이었다. 그것도 인간적인 지혜 이상의 지혜를 가지고 계신 분이었다. 선교지는 주님이 제자들을 파송 할 때 말한 것처럼 "양을 이리 가운데 보냄과 같은 험한 곳"(마 10:16)들이다. 따라서 순결함과 함께 지혜롭지 않으면 견디기 어려운 환경에서의 사역이 된다. (마 10:16)

이 지혜는 하나님에게서 나오기에 솔로몬처럼 하나님께 구할 일(왕상 3:7-13)이다. 잔꾀부리지 말 것이다.

그리고 선교지의 선배들을 통하여 험악한 선교지에서의 위험을 피 할 수 있는 지혜를 얻고, 사역의 기술도 얻게 될 것이다.

겸손한 마음으로 선배 선교사들을 만나기만 하면 그저 얻어지는 보화들이 많다. 무얼 아는 체 하지 말 것이다.

4. 영적 지도력이 있는 선교사의 모습

모든 것이 다 갖추어져 있다 해도 지도력이 발휘되지 않는다면 선교지에서 고전하게 된다. 이 지도력은 세상적인 지도력이 아니라 영적 지도력을 말한다. 영적 지도력은 하나님께 속한 것이고 육적인 것이 아니며 영적인 것이다. 영의 사람에게 자동적으로 나타나는 지도력이다.

또한 이 지도력은 선교사의 능력과도 깊은 관계가 있다. 선교지에 도움을 줄 수 있는 텔런트가 있어야 거기에서 선교사의 지도력이 나타나는 것이다.

5. 선교 비전이 확실한 선교사의 모습

예수는 이 세상에 오신 목적과 비전이 확실하였다.

따라서 그 목적과 비전을 따라 헛된 사역을 하지 않았다. 그리고 모든 사역에서 매우 조심하였다.

여기서 선교사의 선교지에서의 선교 사역의 확실한 모습을 볼 수 있다.

선교사에게 확실한 선교 목적과 그 계획과 그에 따른 비전이 확실하고 이를 중심하여 사역을 전개해 나갈 때 진정한 선교 사역이 있게 되어 좋은 선교적 결과를 얻게 되는 선교 사역을 마치게 될 것이다.

예수님의 모습에서 배우는 것은 진정한 선교사의 모습에는 선교사가 한국인, 한국적인 모습을 계속(정체성) 유지하면서 현지인이 되어 가야 한다는 것이다.

이것이 선교사로 선교사 되게 하는 기본 방법이다.

2. 예수의 인성

하나님의 독생자이신 예수는 완전한 하나님 이었으나, 인간 구속 사역을 감당하시기 위하여 완전한 인간으로, 그리고 죄가 없는 인간으로 이 세상에 오셨다.

성령은 예수의 성육신(成肉身)의 전 과정을 전적으로 주관하시어 죄와 무관한 인간으로 이 세상에 오시게 하기 위하여 모든 인간의 통로인 한 여인의 몸을 사용하셨으나, 일반적으로 통용되는 남자를 통하지 않고 성령이 직접 활동하시어 성령으로 잉태되게 하시고 진정한 인간으로 이 세상에 오시게 하셨다. 이런 의미에서 우리 죄인들은 완전하지 못한 인간이다

이리하여 완전한 하나님이 완전한 사람으로 우리에게 오심으로 진정한 구속자의 모습을 보여 주셨다.

구속자의 자격으로 하나님께서 사람으로 탄생하는 것이 필요한 과정이지만, 하나님이 사람으로 이 세상에 오신 후 30년간 육신의 부모 밑에서 일반 인간처럼 양육을 받아 진정한 사람이 되는 수업 또한 필요하였다. 그리하여 예수는 완전한 인간으로 우리에게 나타나게 되었다.

예수께서 진정한 인간이심을 성경은 보여 주고 있다.

요 8:40, 행 2:22, 롬 5:15, 고전 15:21, 요 1:14, 딤전 3:16, 요일 4:2, 마 26:26, 28, 38, 눅 23:46, 24:39, 요 11:33, 히 2:14, 눅 2:40, 52, 히 2;10, 18, 5:8,

마 4:2, 8:24, 9:36, 마 3:5, 눅 22:44, 요 4:6, 11:35, 12:27, 19:28, 30, 히 5:7 등에서 예수의 인성을 확실하게 보여 주고 있다.

예수께서 인간이 되어 인간들의 생로병사(生老病死) 희노애락(喜怒哀樂) 생사화복(生死禍福) 속에서 항상 함께 해 주심으로 우리들은 예수를 통하여 진정한 인간미를 느꼈다. 사람들은 나와 예수는 무엇이 좀 다르다는 생각을 가져본 적이 없었다. 하나님이신 예수는 완전한 사람이 되신 것이다. 오히려 죄인인 사람보다 더 참 사람이 되셨다. 여기에 인간 구속의 역사를 전개 할 수 있는 길이 열리게 된 것이다.

선교사가 본국을 떠나 선교지에 도착하면 예수처럼 진정한 선교지 화가 이루어져야 선교사의 소기의 목적인 선교사역을 제대로 감당 할 수 있음을 보여 주고 있다. 선교사의 이런 선교지 화는 선교지 언어만 가능하면 성취 되는 것이 아니라. 30년이라는 예수님의 인간화와 비슷한 훈련과 노력을 통하여 성취 될 것으로 안다. 그리하여 전 인격적인 변화를 받아 현지인 화를 성취시킨 후에야 선교사로 활동 할 수 있는 것이다.

예수의 3년간의 공생애를 살펴보면 제자들을 선택하시고 육성하시여 동역함과 동시에 사람들의 영, 육간의 제반 필요를 채워주는 일을 하셨으며, 구속 사역을 감당해야 하는 마지막 주간에는 인간 예수의 고뇌를 함께 느끼며 기도하시고, 잡히시고, 재판을 받으시고, 십자가에 달려 돌아가시는 순수한 인간의 모습을 보았다.

공생애 동안에도 예수의 신성이 나타났으나 이 마지막 주간에는 예수의 인성만이 우리에게 보였다. 그리고 이 인간 예수에 의하여 구속 사역이 완수되었다.

예수는 하나님이시지만 지금 인간으로 우리와 함께 계시며 우리를 죄에서 구속해 주셨다

예수를 선교사의 모델로 삼는다면 다음 사항에 대하여 유의해야 할 필요가 있다.

1. 예수님의 진정한 목자 상

선교사가 선교지에서 완전한 선교 현지인 화를 성취했다면 선교 현지인에 대한 연민의 심정을 가지고 그들을 진정으로 사랑하고 희생하여 돌보는 예수님의 목자 상을 가져야 한다.

현지인은 이런 선교사를 존경하고 따른다.

선교사의 선교비 때문에 현지인들이 선교사를 따르게 만들었다면 이는 삯군 목자로 간주 될 것이다. 선교사의 사역이 돈으로 굴러가면 진정한 선교가 아니기 때문이다. 이 뿐만이 아니라 이 선교사의 돈 때문에 그들이 선교사에게 해를 끼치는 날이 올 수 있다. 우리는 돈이 아닌 본토인 같은 인간미를 그들이 볼 수 있도록 달라져 한풀이 되어 피차를 아끼고 돕는 관계를 형성함으로 진정한 선교 사역을 전개하는 상황이 되어야 한다.

2. 이 세상 인간과 동화 된 예수의 인간미

흔히 한국 선교사들은 한국인의 인간미로 현지인들을 대하고 일한다. 한국인의 인간미는 현지인을 돕기 보다는 오히려 그들을 버려 놓게 된다. 현

지인의 인간미가 무엇인지를 바로 깨닫고 그들과 같은 인간미를 가지고 그들과 한풀이 되어야 예수님의 인간화를 통하여 성취한 선교 방법을 따르게 된다.

한국인의 인간미로 선교지 현지인을 대하고 일하다 보면 반드시 실망하고 그들을 욕하는 날이 올 것이다. 누가 그렇게 사랑하고 희생하라고 하였던가? 한국인의 인간미를 철저하게 버리는 것이 선교사의 진정한 인카네이션이다. 여기에 소망이 있다.

우리 식이 아닌 현지인 식으로 인간미를 발휘했다면 후한이 없는 선교 사역을 잘 감당 할 준비가 된 선교사라고 평가할 수 있을 것이다.

선교사가 선교 현지인을 영적 육적으로 도와 구원의 역사를 성취하기 위한 진정한 모습은 완벽한 선교 현지인이 되는 길 밖에 없다는 사실을 보여준다. 예수님은 완전한 이 세상 사람이 되어서 우리의 구원을 성취 시켜 주셨다.

3. 예수의 십자가와 고난

예수의 고난과 최후의 십자가는 하나님께서 죄인을 구원해 주시려는 "하나님의 밋션"의 핵심이다.

예수의 고난은 예수의 전 지상 생애 동안 계속적인 고난의 삶을 사셨고, 이 고난은 영과 육이 받으신 고난이었으며, 고난의 원인이나, 고난의 독특함이 엿 보이며, 시험 중에도 고난을 당하셨다.

하나님이신 예수께서 이 세상에 인간으로 오신 것은 죄인을 구속해 주시기 위하여 오신 것이다. 죄인이 죄인을 구원해 줄 수 있는 상황이 아니기 때문이다. 따라서 모든 종교는 죄인 구원에 대하여 말은 할 수 있어도 누가 나서서 이런 죄인을 구해 줄 수 있는 사람이나, 어떤 방도는 가지고 있지는 않다. 모든 종교의 허구성이 여기에 있다.

최후의 십자가를 향하여 걸어오신 예수는 이 구속의 길에 방해되지 않게 하시려고 각종 비밀을 지키셨으며 제자들에게도 주의를 시키셨다.

겟세마네 동산에서 마지막으로 로마의 병사들에게 잡히시는 상황에서도 제자들의 생각과는 달리 천군천사를 동원하지 않고 순수하게 잡히시면서 제자들을 염려 하셨다.

대제사장 앞에서는 거짓 증인들의 거짓 증언을 들어야 했고, 베드로의 예수를 부인하는 고통을 감수해야 했으며, 불법으로 사형 선고를 받고, 군병들에게는 조롱을 받아야 했다.

마침내 십자가를 지고 사형장인 골고다까지 힘겹게 가야 했다.

십자가에 달리신 예수는 지금까지 느껴보지 못한 고통을 느껴야 했고, 옆구리에 창을 맞기도 했다. 지나가는 사람들은 예수가 누구인지도 모르고 그저 욕만 해 댔다. 이렇게 모든 사람들에게 버림받고 있을 때 하나님마저 예수를 버리는 순간을 맞았다.

예수는 "나의 하나님, 나의 하나님, 어찌하여 나를 버리셨나이까?"(마 27:46)라고 울부짖었다. 만인의 죄악을 짊어지시고 십자가에서 돌아가시는 예수를 버려야 하는 하나님의 마음도 감당 할 수 없는 순간이었다. 이를 동정하는 것처럼 이 세상을 비추는 태양도 빛을 잃고 온 천지가 캄캄한 가운데 예수는 십자가에서 죽으신 것이다.

이 예수의 죽으심이 만인의 죄를 구속하는 구속 사역을 완성하는 순간 이었다. 이제 모든 죄인들은 살길을 얻게 되었다.

예수께서 이 세상에 오셔서 수행해야 하는 "밋션"을 다 마치신 것이다.

이 과정에서 예수는 가룟 유다의 배반을 당해야 했고, 베드로의 철저한 부인을 겪는 것을 보면서 선교사들의 현지인과의 관계에서 당하는 고난과 고통과 어려움을 어떻게 극복해야 할 것인가에 대한 해답을 주고 있다.

가룟 유다는 예수 그룹의 회계를 맡았는데 돈을 탐내 예수 그룹의 재정에 손대기 시작하다가 마침내 돈 때문에 예수까지 팔아먹는 상황을 연출했는데 선교지 현지인들이 이 돈 때문에 신앙을 버리고 목회를 돈 버는 수단으로 인식하고 일하는 삯군 목자의 모습을 보일 때 당하는 선교사의 고통이야말로 이미 선교사였던 예수께서 우리들을 통하여 겪어야 했던 고통이 무엇이었나? 에 대한 어느 정도의 느낌을 짐작 할 수 있겠다.

베드로는 자기가 살기 위하여 예수를 철저하게 부인하고 있을 때 예수는 자기를 부인하는 베드로를 바라보았다고 성경이 기록하고 있는데 이런 상황을 어떻게 견디었을까? 를 생각하면 선교사인 우리가 주님의 모습을 닮아 가려면 아직 멀었다는 생각이 든다.

주께서 베드로가 예수의 면전에서 예수를 부인하는 모습을 보았을 때 예수의 마음은 십자가 상에서 돌아가시는 경험 이상이었을 것이나 성역을 수행하는 상황이어서 참으시는 모습을 보면서 선교사인 내가 이런 상황을 어떻게 헤쳐 나가야 함을 배우게 된다.

태국인들은 급하면 무엇이든 가리지 않고 거짓말을 한다. 그리고 이 거짓말은 쉽게 발견될 수 있는 것들이다. 그러나 임시방편으로 거짓말을 하고 죄책감도 갖지 않는다.
이런 사람들에게 오히려 우리가 조심하여 그들이 우리들에게 거짓말을 하지 않도록 해야 한다고 생각한다. 이들은 막다른 골목이 몰리면 아무 생각 없이 거짓말을 하기 때문에 우리가 그들을 막다른 골목으로 몰아가는 일을 해서는 안된다고 생각한다.
우리가 조심하여 그들로 하여금 거짓말을 하게 하지 말일이다.

선교사의 사역은 이런 예수의 사역 같은 상황을 통하여 선교지의 영혼을 구해 낼 수 있는 것이며 바울의 고백처럼 "해산하는 수고"(갈 4:19)를 통하여 선교지의 선교사역을 완수 할 수 있음을 깨닫게 한다.

선교사들은 선교지의 죽어가는 영혼들을 위하여 무수한 고통과 고난을 받지만 이를 제대로 감수 할 수만 있다면 죽어가는 영혼들을 건져내는 놀라운 구속 사역을 완수 할 수 있음을 알게 된다.

예수의 죽음은 자신의 죄악의 결과가 아니고 타인의 죄를 위하여 죽으신 특수한 경우이다. 따라서 이 죽음은 모든 사람을 위해 죽으셨으나 예수를 믿고 따를 수 있는 예정된 사람들에게만 효력이 있는 죽음이며 하나님의 법정에서 사법적인 의미를 지닌다.

선교사의 선교 사역에는 예수님의 고난과 죽음에 버금가는 험한 길 임에도 불구하고 이를 극복하고 오히려 기쁨이 되는 사역을 감당함으로 우리에게 주어진 선교사역을 완수하게 되는 것을 보여 주고 있다.

4. 예수의 부활과 승천

예수의 십자가의 죽음은 죽음으로 끝나지 않고 예수의 부활과 승천으로 이어졌다.

예수는 평상시에도 죽었다가 3일 만에 다시 살아난다고 제자들에게 말씀 하셨으나 제자들은 이런 예수의 말씀에 큰 관심을 두지 않았다. 제자들은 예수께서 죽을 일이 없다고 생각하였을 것이다. 이는 유대인의 메시야 관의 영향을 받아 육적인 유대인의 왕으로 등극하실 것으로 인식하고 있었기에 최후가 가까울수록 자기들의 자리다툼(마 18:4)이 벌어지게 되었던 것이다.

그리고 겟세마네 동산에서 예수께서 잡히시는 광경을 목격하고는 실망한 나머지 모두 도망하였고 두려움에 가득찬 나머지 부활의 예수를 만난 여인 들의 부활 소식을 듣고도 예수의 부활에 대하여도 믿지 못하게 되었다.

그러나 예수는 구약의 예언이나 예수님의 말씀처럼 십자가의 죽음을 통 하여 죄인을 구속하는 사역을 완수하신 후 3일만에 부활하셨고, 40일간 부 활을 이 세상에 증거 하신 후 승천하셨다. 예수님이 승천하실 때까지도 어 떤 제자들은 예수의 부활을 믿지 못하는 사람도 있었다고 성경은 기록한다. 뿐만 아니라 오늘날도 자유주의 신학자들도 예수의 부활을 믿지 못하는 사 람들이 있으나 예수의 부활은 사실이다. 예수께서 죽으셨다가 부활하심으 로 우리들도 앞으로 부활하여 천국생활을 할 것으로 기대하고 있다.

부활하신 예수는 하나님의 보냄을 받은 임무를 완수하였기에 이 세상에 더 있을 필요가 없어 다시 하나님 나라로 올라가시고 하나님의 우편에 앉아 계시면서 우리 구원받은 백성들을 위하여 계속 애쓰시고 계신다고 성경은 알려 주고 있다.

우리 선교사들도 주어진 선교적 임무를 완전히 마치면 파송 받은 본국으로 돌아가게 될 것인데 선교지에서 시간만 때우고 본국으로 돌아가는 선교사가 되지 않기 위하여 열심히 그리고 최선을 다하여 주어진 선교 사역을 다 마칠 수 있는 선교사역이 되어서 예수님처럼 우리들도 본국으로 돌아 갈 수 있기를 기대한다.

근래에 한국인 선교사들의 마지막을 본국으로 돌아가지 않고 선교 현지에서 생을 마치려는 경향을 보이고 있다.

한국이 본국이지만 선교 현지 보다 기반이 없는 곳이어서 차라리 선교 현지에서 계속 선교사역을 감당하다가 생을 마치는 것이 좋겠다는 판단에서이다. 이 점은 한국교회가 깊이 반성 할 일로 본국이 은퇴 선교사들의 보금자리가 되도록 해야 한다.

예수의 부활과 승천은 선교사가 선교지에서 소기의 선교사역을 마치면 하나님께서 신실한 선교사를 위해 준비해 놓은 영광의 면류관이 있음을 알게 한다.

그러나 신실하지 못한 선교사에게는 응분의 벌이 준비되어 있다는 사실 또한 기억하고 일을 해야 할 것이다.

하나님의 일꾼은 항상 그 사역이 끝나면 삶과 사역에 대한 평가를 받게 되어 있기 때문이다. 이 사역에 대한 평가는 인간적이지 않고 신적이라는 사실을 명심해야 한다.

이는 사람이 어떻게 생각하던지 하나님의 생각이 중요하다는 말이다. 사람들에게는 신실한 선교사로 평가를 받는다 해도 하나님이 그렇게 평가해 주지 않는다면 헛것이기 때문이다. 선교사의 수고가 하나님께 아무런 점수를 받지 못한다면 그것처럼 불쌍한 삶은 없을 것이다.

우리는 이런 비참한 최후를 맞지 않기 위하여 시종여일한 충성을 선교지에 바쳐야 할 것이다. 그리고 영광의 면류관을 받아쓰는 날을 고대 할 것이다.

5. 예수의 재림과 천국

천국으로 올라가 하나님 우편에서 앉아 아직도 우리들을 위하여 일하시고 계시는 예수는 때가 되면 다시 이 땅에 심판자로 오셔서 이 세상을 심판하시고 예수를 믿는 권속들을 이끌고 천국으로 가서 천년만년 하나님과 함께 기쁘고 복된 삶을 살게 된다는 것이 성경의 가르침이다.

예수께서 이 세상에 다시 오시는 때는 알려져 있지 않고, 모르는 것이 바른 신앙임을 성경은 보여주고 있다.

그러나 예수의 재림은 통상 2가지 요인에 의하여 성취 될 것으로 보이고 있다.

하나는 *"이 세상이 죄악으로 가득 차면 하나님의 진노가 이를 견디지 못하여 세상의 심판이 있게 될 것"*을 보여주고 있다.

노아 시대의 홍수 심판(창 6:5-7)이나 소돔 고모라 성의 심판(창 19:24-25)에서 보여주는 것이 바로 이 배경이다.

또 하나는 *"이 세상이 복음으로 편만하게 전파되면 세상의 끝이 온다"*(막 13:10)고 가르치고 있다.

여기서 우리 선교사들은 이 세상 끝이 죄악이 관영하여 오게 하기 보다는 복음이 만방에 다 전파됨으로 세상 끝이 오게 하는 일이 우리 선교사들을 통하여 성취되도록 해야 한다고 생각한다.

예수의 재림은 예수 믿는 사람들에게는 기쁜 일이지만 예수를 믿지 않는 사람들에게는 최악의 경우가 될 것이기에 우리의 축복만으로 즐거워하기 보다는 죽어가는 영혼에 대한 불쌍함과 긍휼함으로 그들을 적극적으로 도 와주는 사역을 먼저 믿은 기독교인들이 사력을 다해 전도해야 할 것이다.

우리들은 예수의 재림을 통하여 그렇게 바라던 천국으로 가서 하나님 아버 지와 큰 기쁨 속에서 복된 삶으로 영생 할 터인데 이를 고대하면서 처음 믿을 때 받은 믿음을 잘 지켜서 천국 행을 완성 시키는 신자들이 되어야 한다.

성경은 예수의 재림에 대하여 **인격적**이요(행 1:10-11, 3:20-21, 마 24:44, 고전 15;22, 빌 3:20, 골 3:4, 살전 2:19, 3:13, 4:15-17, 딤후 4:8, 딛 2:13, 히 9:28)), **육체적**이요(행 1:11,3:20-21,히 9:28, 계 1:7), **가시적**이요(마 24:30, 26:64, 막13:26, 눅 21:27, 행 1:11, 골 3:4, 딛 2:13, 히 9:28, 계1:7), **갑작스럽 고**(마 24:37,44, 25:1-12, 막 13:33-37, 살전 5:2-3, 계 3:3, 16:15), **영광스럽고, 승리에 찬 모습**(히 9:28, 마 24:30, 살후 1:7, 살전 4:16, 살전 3:13, 살후 1:10, 살전 3:13, 살후 1:10, 고전 15:25, 계19:11-16)으로 예수께서 이 세상에 다시 오실 것을 가르치면서, 이때에 죽은 자의 부활과 심판으로 모든 예수의 사역 을 완성 시키실 것을 보여 주고 있다.

여기서 우리 선교사들이 깊이 생각해 볼 것은 나의 모든 선교사역을 마친 후 예수처럼 천국의 삶으로 이어질 것인가? 라는 것이다.

천국은 선교사로 살고 일한 사람이면 누구나 가는 곳이 아니다.

하나님이 원하시는 선교 사역, 하나님의 밋션을 제대로 감당 했는가? 가 문제이다.

이를 생각하면 우리들은 겁을 먹지 않을 수 없다.

정신없이 선교사역을 감당하다가 나도 모르는 사이에 곁길로 간 일이 상당히 있다고 느껴지기 때문이다. 그럴지라도 우리들로 하여금 바른 선교의 길로 돌아 올 수 있도록 기도 할 뿐이다

예수께서 천국에 가셔서도 우리들을 위하여 일하고 계시는 것처럼 선교사가 선교지에서 제반 사역을 마쳤어도 사실 선교사역을 마쳤다고 볼 수 없기에 어떤 선교사는 아예 은퇴 후에도 선교지에 남아서 계속 선교 사역을 감당하는 모습을 보이기도 하지만 선교지를 떠나도 선교지와 깊은 연관 속에서 자신의 선교 사역을 폴로우업(Follow up)하는 일을 계속하는 것이 선교사의 사역을 계속 유지하게 하는데 도움이 될 것이다.

선교사의 사역이 하나님 보시기에 신실한 사역자로 영광의 자리에 들어가게 될 때 주님의 재림과 천국 입성 시에는 모든 사람이 부러워할 큰 상을 하나님으로부터 받아 선교지의 모든 어려움과 눈물을 씻어 주실 것이다. 이를 생각하면 현재의 고통과 어려움과 눈물에 큰 의미가 있어 담대하게 선교사의 사역을 감당해 나갈 수 있을 것이다.

제2장

바울의
선교사적 탄생과
사역

바울은 선교사나 목회자들에게 "롤 모델"이다. 따라서 선교를 말 할 때 바울 이야기를 빼놓을 수 없다. 주님의 마음에 맞는 선교사가 되기 위하여 모범적인 선교사인 바울을 통하여 나의 선교사 됨을 살펴보고 바울과 같은 선교 사역을 감당할 수 있다면 선교사로써 그런 축복은 없을 것이다.

바울을 생각할 때 그가 선교사임을 의심하는 사람은 없다. (행 9:15-16)

그런데 오늘날의 선교사들을 보면 이 사람도 선교사일까? 하는 의아심을 갖게 하는 선교사들도 간혹 만난다.

그리고 어떤 선교사는 하는 일을 보면 이게 정말 선교일까? 하는 생각을 갖게 한다.

현대 선교는 선교 아닌 사역이 없기 때문에 무슨 사역이든지 선교를 붙이기만 하면 선교 사역이 되고 있는 것이 문제다.

어떤 선교사는 바울의 선교를 본받는다고 장막 일을 하면서 자립 선교를 하겠다고 한다. 그런데 그 자립 선교가 자립은 되는지 모르지만 선교는 언제 하는가? 라는 생각도 하게 된다. 이런 상황에 처해 있는 선교는 바울의 선교와는 동떨어진 선교라고 말해야 할 것이다.

바울(고대 그리스어: Παυλος)은 초기 기독교의 전파와 신학에 주춧돌을 놓은 사도이며, 신약성서의 상당 부분을 차지하는 바울서신을 저술했다고 전해지는 인물이다. 개신교(Protestant Church) 대부분은 1900년 완역된 신약성경 전서를 따라 '바울'로 칭한다.

바울은 초기 기독교를 이끈 뛰어난 지도자 가운데 한 사람이었다. 예수가 그리스도라는 교의를 전하려는 열정으로 아프리카(북아프리카) 지역을 제외한 로마 제국의 주요 도시를 돌아다녔다. 무려 20,000km에 이르는 거리를 돌아다닌 그의 선교 여행과, 신약성서 27개의 문서 가운데 13편에 달하는 그의 이름으로 된 서신 서들은, 초대 교회사에서 기념비적인 업적이다. 그는 자신이 선교 여행 중에 여러 번 죽을 위기를 맞았다고 말한다. 유대인에게 다섯 번 매를 맞고, 세 번 태장으로 맞고, 한 번 돌로 맞고, 세 번 배가 파선했었다. 그렇게 그는 유대교와 구분된 기독교를 확립했고, 그 교회는 지금까지 명맥을 이어오고 있다. 하지만 오해하지 말아야 할 게 바울은 지성 없이 열정만 있는 자가 아니었다는 사실이다. 그 열정은 예수가 왜 그리스도인가를 구약성서를 근거로 변증하는 지성적인 신앙에 뿌리를 두었다. 바울로 사상은 기독교의 교리, 역사에 미친 영향이 매우 커서 혹자는 "예수가 없었다면 바울로도 없었겠지만 바울로가 없었다면 기독교도 없었을 것이다"라고 평하기도 한다.

바울은 그리스에서 사용한 그리스 이름이며, 그의 히브리어 이름은 '샤울 (히브리어: שָׁאוּל)'이다. 해외에 사는 유대인(그리스말로 흩어짐을 뜻하는 디아스포라)들도 히브리어 이름과 그리스어 이름을 모두 사용했기 때문에, 사도 바울도 그리스어 이름인 파울로스와 히브리어 이름인 샤울을 모두 사용했다. 따라서 한때 기독교인들이 사울이 바울로 개명했다는 주장은 사도 파울로스 시대의 문화에 대한 이해 부족에서 비롯되었다고 볼 수 있다. 사도행전에서도 '바울이라고도 불리는 사울'이라고 언급하고 있다.

오늘 선교사로 부름을 받은 모든 선교사들은 만세 전에 하나님의 특별한 선택과 적당한 때에 선교사의 부름에 응하여 선교지에 온 사람들이다. 이 선교사의 부름은 우리들의 생애에 보통 사건이 아니다. 우리들의 구원 사역에 버금가는 놀라운 사건이다.

우리들은 하나님께서 나 같은 죄인을 쓰시는 것에 대하여 특별한 감사함을 품고 오늘도, 내일도, 모래도 주님이 원하시는 길을 선교지에서 계속 감으로 하나님의 뜻이 선교지에서 성취되는 일에 귀하게 사용되기를 바랄 뿐이다.

1. 바울의 회심과 선교사 소명

예수의 제자가 되기 전의 사울은 젊어서부터 예수를 믿는 사람을 만나기만 하면 잡아들여 죽이는 일(행 7:58, 8:3)에 앞장 선 예수의 원수였다.

사울은 상류 유대인으로 유명한 가말리엘(행 5:34) 문하생으로 율법을 연구하고(행 22:3) 권력 있는 유대인으로 기독교인 박해에 앞장서고 있었다.

다메섹에 기독교인들이 있다는 정보를 입수한 사울은 이들을 잡아 처단하기 위하여 의기양양하게 다메섹으로 향하고 있을 때 다메섹에 도착하기 직전 예수는 사울에게 손을 대셨다. 아무리 권력이 많고 유명한 유대인인 사울도 예수의 손대심에 전혀 대항하지 못하고 항복해야 하는 상황을 맞이한 것이다.

1. 사울의 회심

사울은 다메섹 도상에서 알지 못하는 특별한 빛(행 9:3)에 의하여 땅에 엎드러졌고 다메섹으로 가던 길은 중단되었고 눈을 보지 못하는 상황(행 9:8)이 되었다.

그때 한 음성이 들려 "사울아, 사울아 네가 어찌하여 나를 박해하느냐?"(행 9:4)라는 예수의 음성을 듣게 되었다.

사울은 이 음성의 주인이 누구인지를 모르기에 "주여 뉘시오니이까"라고 물었고, 그 음성은 "나는 네가 박해하는 예수라"라는 음성을 듣게 되어 자기에게 큰 능력을 행하고 계시는 분이 자기가 지금 대적하고 있는 예수라는 사실을 확인하게 되었고, 자신이 대적할 수 없는 능력의 하나님이심을 직감하게 되었다.

계속하여 예수는 사울이 어떻게 해야 하는가에 대하여 자세하게 안내해 주었다.

"네가 일어나 성으로 들어가라 행할 것을 네게 이를 자가 있느니라" (6절)

이런 예수의 음성은 당사자인 사울만 듣게 되었고 동행하던 사람은 아무 소리도 듣지 못했다(7절)고 기록하고 있다.

이 사건은 하나님께서 바울을 선교사로 부르시는 순간 (6절)이었기에 당사자인 사울만이 하나님의 부르시는 음성을 듣게 되었고 관계없는 다른 동행자들은 이런 하나님의 음성을 듣지 못한 것이다.

이 사건으로 눈을 볼 수 없게 된 사울은 동행하는 사람들의 부축을 받아 다메섹으로 들어갔으나 3일 동안 먹지도 보지도 못하고 있었다 (8-9절)

그 시간 예수는 아나니아에게 환상으로 나타나 직가에 있는 사울을 찾아가라고 명하시면서 "이 사람은 내 이름을 이방인과 임금들과 이스라엘 자손들 앞에 전하기 위하여 택한 나의 그릇이라 "(행 9:15)고 사울을 **선교사로 부르신 사실**을 분명하게 알려주었다.

이때부터 사울은 선교사로 부름을 받고 예수를 믿고 예수의 제자가 되었으며 3년간의 아라비아 준비 기간을 거친 후 선교사 바울로 활동하여 사도행전이 있게 하였다.

기독교의 선교 역사에 바울만한 선교사는 아직 나타나지 않고 있다.

2. 바울의 소명

바울 선교사는 선교사의 기본이요 라이센스인 **"하나님의 부르심"**에서 출발하였다.

바울은 하나님께서 선교사로 부르실 때 즉시 순종하였다. 그리고 진지하게 선교사 준비에 들어갔다. 그 후 바나바를 통하여 교회 지도자들을 만났으며 이들을 통하여 선교사로 출발하였다.

우리 선교사들도 바울과 같이 확실한 하나님의 소명을 받고 선교지로 파송을 받아야 진정한 선교사의 사명을 제대로 감당하면서 즐겁고 기쁨이 넘치며 놀라운 선교의 결과도 획득하게 되는 것이다. (행 9:15)

나는 하나님께서 주신 확실한 선교사 소명을 가지고 있는가?

이 선교사 소명이 없다면 선교사로 나갈 수 없다. 혹시 나간다 해도 바람직한 선교 사역의 결과를 얻지 못하고 죽을 고생만하다가 돌아와야 할 것이다. 또한 이 선교사의 소명이 어느 나라로 소명을 받았는가? 가 또한 중요하다. 한국교회가 무작정 선교사를 파송해 놓고 선교사 재배치를 말하는 것은 하나님의 뜻에 반하는 일이라고 조심스럽게 지적한다.

이 점에서 선교사로 나가는 것을 극히 조심할 일이다.

2. 바울의 자기 버림

바울은 엘리트 중에 엘리트였다. 그러나 바울은 자기 잘남으로 선교 사역을 감당하지 않고, 자기를 다 버리고 오직 주님만을 의지하고 성령으로 사력을 다하는 선교 사역을 감당하였다.

바울 서신을 바탕으로 바울을 살펴보면 그는 흠이 없는 교육을 두루 받은 것으로 보이는데, 어디서 어떤 교육을 받았는지는 거의 알려져 있지 않다. 다만 그의 고향이 고대 그리스 문명의 영향력 밑에 있었던 관계로 당시의 일반적인 고전 교육 및 유대교적 율법 교육을 받았을 것으로 추측하고 있다. 그는 존경받는 율법학자 가말리엘 문하에서 율법 공부를 하였는데, 유대 전통에 따라 구약성서(율법, 예언서), 율법 해석(미드라시), 수사학을 공부했을 것으로 본다. 이러한 체계적 신학교육은 사도 바울을 유대 전통인 율법을 비판할 만큼 뛰어난 신학자로 자라게 해주었다. 사도 바울이 가말리엘의 제자였다는 사도행전의 설명을 바탕으로 회심하기 전까지 그가 바리새파에 적극 협조하지 않았을까 추측하기도 한다. 이와 같은 바울의 출생과 유대교의 율법을 추종하였던 젊은 시절의 활동은 자신의 사역 방향이나 신학적인 견해에 맞지 않을 경우 타협하지 않았던 그의 곧은 성품에서 잘 반영되고 있다고 볼 수 있다. 바울은 고대 그리스 문학에도 밝았는데, 사도행전에 따르면 고대 그리스 시인을 인용하여 아테네 철학자들에게 하나님 말씀을 전하였다.

바울은 자기를 주장할 만한 것이 많이 있는 인물이었다. 그래서 자기 잘난 맛에 취하여 아주 활발하게 기독교인들을 핍박하는 일에 앞장섰다. 그러던 중 다메섹 도상에서 예수를 만나 180도 변화된 모습으로 예수의 제자가 된 후에는 자기를 다 버리고(빌 3:8) 오직 예수만 알고 예수를 위해 살고 예수만을 위하여 일하는 사람이 되었다.

사람이 자기 자신을 다 버린다는 것은 쉬운 일이 아니다. 이는 자기 자신에게 일어나는 혁명이기 때문에 그만한 원인이 제공 될 때에만 가능한 현상이기 때문이다. 사울이라 불리던 바울이 다메섹 도상에서 예수를 만남으로 그의 생애를 180도 변화시켜 놓았던 것이다. 여기에 바울의 회심이 있다.

진정으로 선교사의 소명을 받은 사람은 이 선교적 사명을 위하여 자신을 먼저 비우고 나아가 부모 형제자매와 친척, 친구들까지 다 버리지 않는 한 고국을 떠나 선교지로 나갈 수 없다.

선교지로 떠났다 해도 고국 생각 때문에 선교지 적응이 되지 않아 선교지에서 허송세월만 보내든지 아니면 선교사역을 다 마치지 못하고 끝내 고국으로 돌아가야 하는 상황에 처하게 된다. 선교 헌신 자가 자기를 버리고 오직 선교사로 바로 서게 되면 고향이 그립지 않고, 고향 음식을 먹고 싶어 선교지에서 고생하지도 않고 선교지 음식의 맛을 느끼며 즐기는 삶을 살게 될 것이다. 여기에 선교사로서의 삶의 새로운 재미가 있게 된다.

바울은 모든 것이 다 갖추어진 엘리트였다고 본다.

그러나 그가 예수를 만난 후 그 모든 것을 다 버렸다. 그에게 진정한 회심이 일어난 것이다. 그래서 그는 모든 것을 버리고 오직 예수만 잡은 인생이 되었다. 그리고 예수 한 분만으로 만족한 인생이 되었다.

오늘날 많은 선교사들이 실패하는 것은 자기를 버리지 못하기에 자기 인생에 예수를 담지 못하여 방황하고 확실한 목표를 잡지 못한 인생의 모습으로 선교사역에 임하고 있기 때문이다.

바울은 주님의 사역을 위하여 결혼하지 않았다. 그러나 통상 우리는 주님의 사역을 위하여 결혼을 생각한다. 총회도 결혼하지 않은 사람에게는 목사 안수(특별한 경우가 있으나)를 미루고 있다. 여호수아는 전 가족적으로 주님의 일을 한다고 고백했다. 선교지에서도 혼자보다는 둘이서 또는 가족적으로 주님의 일을 해야 할 상황이다. 그러나 어떤 경우에는 가족이 선교사역에 방해될 수도 있다. 바울의 경우는 선교 여행이 잦은 사람이었다. 따라서 전 가족을 이끌고 선교사역을 감당할 수 없는 상황이었다고 본다. 이를 미리 내다보고 이에 맞는 모습을 취한 것으로 보인다.

선교사의 실패 중에 자녀교육 때문에 오는 경우도 상당하다. 자신의 선교지가 오지인데 자녀교육 때문에 오지에 있지 못하고 교육환경에 맞는 지역으로 선교지를 옮겨야 하는 경우도 있다. 이때 우리들은 하나님의 뜻보다는 자녀 교육이 편리한 곳을 택하고 선교적인 판단을 하지 않는다.

나의 한 경험으로는 한 후배 선교사가 주님의 일을 위하여 자녀를 두지 않겠다는 말을 듣고 그에게 주기로 한 선교사 비자를 주지 않은 적이 있다. 너무나 거창하게 나오는 그의 믿음을 보고 그런 그가 믿어지지 않아서였다.

이 예견은 불행하게도 적중하여 그가 실수로 아이를 난 후 그 아이의 교육을 염려하여 소위 오지에서 중소 도시로 선교지를 옮겼다는 소식을 듣고 나의 선교적 안목이 그에게 적중하게 되니 어쩐지 쓸쓸함을 느꼈다.

선교사는 진정한 자기 버림의 삶을 성취하여야 선교지 사역에서 방해가 되지 않는다. 나의 버리지 못함이 선교지에서의 선교사의 삶과 사역을 고달 프게 하고 재미를 잃게 하는 것을 자주 경험하게 한다.

3. 바울의 갖추어짐

초대교회에 베드로와 바울이 있다. 하나님께서는 베드로는 국내 전도자로 사용하시고, 바울은 이방인 선교사로 쓰셨다.

여기에 조그마한 하나님의 뜻이 나타나고 있다.

일반 전도사역과 이방인을 위한 선교사역이 어떻게 다른가를 보여준다. 만약 이 둘이 정반대되는 일을 하였다면 결과가 어떻게 되었을까? 하는 흥미 진지한 결과를 생각해 본다.

오늘날 선교사 세계를 보면 어떤 사람은 선교사의 사역을 할 수 있는 사람이 못 되는 느낌을 주는 사람이 간혹 있다. 선교사 소명은 하나님께 있기에 사람이 함부로 되니 마니 하는 것은 주제넘은 일이지만 사람이 보는 눈이 있기에 느낌은 있게 마련이다.

바울과 베드로를 비교해 보면 바울은 많이 가지고 있는 사람, 이성적인 사람, 지성적인 사람, 지체 높은 사람 등으로 보여 진다. 믿음과 열정과 비전에 있어서 둘 다 질 마음이 없는 사람들이다. 겉으로 보이는 큰 차이는 하나는 율법학자 출신이고, 다른 하나는 어부 출신이다.

좀 더 수준과 어려움이 예상되는 사역인 이방인 선교에 바울을 선발하였는데 성공적으로 그 사역을 마쳤다고 믿어진다.

그러나 둘 다 마지막에는 순교를 당한 것을 보니 전도나 선교 사역에는 꼭 희생이 따른다는 것을 보여 주고 있다. 사실 예수님도 구원 사역을 완성함에는 십자가상에서 죽으셔야 했다.

선교사로서의 바울의 모습에서 우리 선교사들이 무엇이 갖추어져야 하겠는가를 살펴보자

1. 수준있는 신학교육

바울은 율법 공부를 전공한 사람이다. 이 정도의 사람이면 지식인으로 통한다. 그의 이런 교육 배경은 결신자들에게 좋은 교육자로 나타났을 것이다.

오늘의 선교사들도 이런 사역에 종사하게 되겠기에 성경의 지식은 신학교 교수 수준에 이르러야 선교지에 필요한 목회자 교육에 자연이 참여할 수 있을 것이다.

2. 풍부한 교회 목회 실무 경험

바울은 어디서 목회 경험을 터득했는지 모르나 그의 개척한 교회를 육성하는 것을 보면 목회자의 모습이 분명하게 드러나고 있다.

오늘날의 선교사들이 젊어서 선교사로 나오기에 교회 목회 경험이 부족하여 선교지에서 목회자를 지도하여 정상적인 목회 사역을 감당할 수 있도록 지도하는데 부족함이 있는 것을 보강하는 방법을 연구할 일이다.

3. 자신만이 간직한 특별한 탤런트

바울은 탤런트가 많은 사람으로 특히 언어에 재주가 많았던 것으로 보인다. 그래서 복음을 전하는 일에 유익했을 것으로 보인다. 그는 철학자들과의 대화를 유리하게 이끌어 가고 있는 것을 성경에서 자주 보았다. 그의 편지들에는 조직신학적인 요소가 많다. 선교사는 자신이 알고 있는 바를 언어라는 수단을 통하여, 글을 통하여 다른 사람에게 제대로 전달해 주는 능력이 있어야 한다.

나는 태국어가 좋은 것은 아니지만 한국어를 태국어로 통역할 때 쉽고 재미있게 통역하는 기술을 가지고 있는 것 같다.

4. 희생적인 열정의 사람

선교사가 자기에게 주어진 사역을 완수함에는 열정이 필요하며, 여기에 희생이 있게 된다. 선교지의 사역자들은 대부분 열정도 없고, 희생하면서 주님의 일을 하려는 의식이 약한 것이 흠이다. 그래서 우리의 열정으로 그들을 이끌어 주어야 하고 희생을 보여주어야 한다. 그러나 그들은 이런 모습을 거의 배우지는 못한다. 여기에서 우리의 낙심이 있으나 스스로 낙심하면 선교사역을 제대로 감당하지 못하게 된다.

베드로처럼 예수와 함께 죽겠다는 각오가 없거나 약하면 우리에게 주어진 과업을 완수할 수 없음을 알아야 한다.

5. 선교지의 상황 판단(비전)의 기술

바울은 어느 곳에 가던지 그 곳의 상황을 제대로 파악하고 대처하는 사람으로 나타나고 있다. 비전이 이를 바로 보게 하여 그 상황을 바로 읽고 대처하기 때문일 것이다. 그래서 피할 때는 피하고 대적할 때는 대적하는 것을 보았다.

선교사가 이런 상황 판단과 대처가 제대로 되지 않으면 하나님을 근심하게 할 위험이 있다.

6. 성령과 말씀이 충만한 능력의 사람

바울은 선교 활동 시에 성령의 능력과 말씀의 능력이 나타났다. 이 능력은 복음 사역에 절대적으로 필요한 자격이다.

통상 사람들은 신유의 능력이 나타나는 성령의 능력에 대하여 익히 알고 있으나 하나님의 말씀이 선포 될 때 나타나는 말씀의 능력에 대하여는 별로 아는 바가 없는 것 같다.

그러나 바울이 말씀을 전할 때 하나님의 말씀에 있는 하나님의 능력이 나타나 병 고치는 역사도 일어나지만 말씀의 능력으로 죄인이 구원받는 역사가 계속 일어나고 있는 것을 본다.

우리도 바울 같은 말씀과 성령의 능력을 발휘하는 선교사가 되기 위해 성령과 말씀의 능력이 있는 선교사가 되어야 하겠다.

7. 겸손으로 무장된 봉사적인 사람

선교사의 사역의 대부분은 봉사적인 사역의 성격을 띤다.

그리고 이 봉사적인 삶은 겸손에 근거를 둔다. 선교사의 사역의 성격이 봉사에 속하기에 겸손한 자세를 유지하지 못하면 현지인과 동역하는데 많은 어려움이 나타나게 된다.

선교지에는 선교사를 나쁘게 생각하고 악 감정을 가지고 대하는 사람들도 다수 있다. 이런 사람의 비위를 맞추어 준다는 것도 한계가 있다.

태국인들은 선교사에 대하여 배타적인 생각을 가지고 있어서 일반적으로 선교사에 대하여 부정적이다. 그 중에도 선교사 킬러로 이름난 사람들이 있다. 이들은 선교사를 좋게 보려 하지 않는다. 선교사가 현지인 사진을 찍는 것은 이것이 선교사에게 란란(100만밧 제곱)의 돈이 들어 온다고 말하기도 하고(옛 CCT 총무 출신), 선교사들이 태국교회를 사분오열(교단 분열)시켜 놓았다고 대 놓고 말하기도 한다(EFT 임원 출신 /한국 기성총회 대표 역임), 날려 놓고 한국인 선교사들을 욕하고 얏 보는 한국의 순복음 여의도교회 선교사 출신 태국 오순절 교단장도 있다.

선교사가 이런 상황에서도 선교지에서 견딜 수 있는 것은 선교사가 겸손에 겸손으로 단장하고 봉사적인 사람이 되지 않으면 남아나지 않겠기 때문이다.

소위 갖추어지지 않은 선교사의 삶이 선교지에서 얼마나 선교사를 고달프게 하는지 모른다. 나의 선교사의 사역을 위해 무엇이 좀 있는 사람이 되어야 타인에게 줄 수 있는 것이며 선교지에서 오래 견딜 수 있는 선교사가 된다.

4. 바울의 선교 비전

선교사에게 선교사의 비전은 없어서는 안 될 큰 자산이다. 이 비전은 하나님의 소명과 함께 한다. 위대한 선교사 일수록 선교사의 소명과 비전이 확실하였고 이런 선교사의 소명에 바로 서서 비전을 확실하게 붙잡고 앞만 보고 매진하는 것을 본다.

그러나 소위 불순한 하나님의 소명을 받은 선교사는 선교사처럼 선교지에 도착은 하나 선교와는 동떨어진 짓을 일삼다가 마침내 선교지를 옮기던지, 선교와 상관없는 일을 하다가 제 풀에 지쳐 선교지를 떠나거나, 선교사역은 하지 않으나 선교사처럼 아니 진짜 선교사보다 열심히 일하는 선교사처럼 선교지에 남아 있는 사람들도 있다.

여기 불순한 선교사 소명을 받아 선교지에 온 소위 선교사들은 한국 교회에서 부교역자로 일하기보다는 선교사로 파송 받아 나가는 것이 낫겠다는 이해관계를 따라 선교사로 왔던지, 자녀교육 때문에 선교지에 나온 사람들이다.

1. 바울의 유럽 선교 비전

바울은 성령의 인도하심을 따라 선교를 시작하였고 진행하였고 마친 사람이다. 그의 삶 속에는 하나님께서 주신 선교 비전이 항상 함께하였다. 그리고 이 비전을 따라 전진하였다. 그는 심지어 이 비전을 성취하기 위하여 인간의 특권 중의 하나인 결혼하여 가정을 이루는 것 마저 주님에 일에 방해가 될까 봐 거절하였다.

무시아 앞에 이르러 비두니아로 가고자 애쓰되 예수의 영이 허락지 아니하시는지라 무시아를 지나 드로아로 내려갔는데 밤에 환상이 바울에게 보이니 마게도냐 사람 하나가 서서 그에게 청하여 가로되 마게도냐로 건너와서 우리를 도우라 하거늘 바울이 이 환상을 본 후에 우리가 곧 마게도냐로 떠나기를 힘쓰니 이는 하나님이 저 사람들에게 복음을 전하라고 우리를 부르신 줄로 인정함이러라 (행 16:7-10)

바울의 선교 비전을 따라 살고 일하는 모습은 아시아 선교를 앞에 두고 (행 16:6-10) 우리들에게 확실히 보여주고 있다. 바울은 이 때 아시아 선교를 포기하고 유럽선교의 길로 갔기에 복음이 유럽에 먼저 전달되는 역사가 전개 되었다.

2. 바울의 예루살렘 행

오늘날 많은 선교사들은 하나님의 선교 비전은 생각지 않고 한국교회의 요구를 충족시키기 위하여, 또는 자기의 안일을 위하여, 또는 자기 자녀들의 교육을 위하여 선교지를 선정하는 오류를 범하면서 그것이 하나님께서 주신 선교 비전으로 오해하고 나아가는 모습을 간혹 본다. 이런 선교가 누구에게 복이 되겠는가?

3. 바울의 로마 행

바울은 예루살렘으로 올라가기 전 자신은 물론 교우들이 가지 말라는 권고를 하나님의 비전으로 물리치고 예루살렘에 올라갔다가 마지막 로마행을 하였고 그 후 순교를 당하게 되었다.

선교사는 누구 말을 듣는 사람이 아니라 하나님의 원하는 대로 자기를 희생하고 자기 가족까지 희생하면서 오직 성령의 원하시는 일을 계속해야 할 것이다.

우리는 눈 뜬 소경으로 선교지의 사역을 감당하면 선교가 구덩이에 빠지게 된다는 사실을 명심할 일이다.

5. 바울의 선교사 준비

바울의 회심과 사역의 시작에는 3년이란 간격이 있다.

성경은 이때 아라비아에서 새로운 인생을 준비하고 있었던 것으로 기록하고 있다. 이런 준비 기간을 거친 후 마음 좋은 바나바에 의하여 예루살렘 교회 지도자들에게 소개되었고(행 9:26-30) 그 후 안디옥교회를 통하여 선교사로 파송되면서 선교사의 길을 가게 되었다.

선교사의 준비는 선교사로 선택 받은 사람들에게는 아주 중요한 기간이라 하겠다.

이런 선교사 준비는 사람에 의하여 성취되는 것이 아니라 하나님께서 하나님의 계획에 의하여 아주 오래 전부터 준비해 주시고 계신다고 본다. 이것이 선교사로 선택받고 파송받아 선교사역을 감당하면서 선교사들이 느끼는 일반적인 상황이다.

선교사로써의 준비는 전적으로 하나님의 일 이어서 내가 선교사 소명을 인식 할 때부터 시작되는 일이 아니고, 내가 전혀 알지 못하고 있을 때부터, 태중에서부터 하나님의 특별한 계획에 의하여 하나님께서 직접적이고 계속적으로 준비해 준 사실 임을 알아야 한다.

나아가 선교사의 소명을 알게 된 때부터 선교사로 선택 받은 자신이 파송받아 가서 일해야 하는 선교지 국가와 민족에 대하여 알고, 그들에게 적합한 선교 방법과 기술을 연구함으로 제반 선교 사역에 대하여 준비를 하게 되어 있다.

이 선교사의 준비는 사람 자체가 영과 육으로 형성되어 있기에 기본적으로 영적인 면과 인간적인 면에서 생각해 볼 수가 있겠다.

그러나 이에 앞서 중요한 것은 나와 탤런트와 선교 현지의 어떤 사역이 매치가 될 수 있겠는가? 가 더 중요한 것이다

선교사의 선교지 사역을 위한 준비는 누구를 따라서 할 수 있는 일이 아니고, 하나님께서 나에게 주신 나의 탤런트 안에서 준비되어야 하는 것이다. 이때 동료의 모습에서 배울 수 있는 것도 있겠다. 그러나 나와 그가 다르다는 사실을 분명하게 인식하고 오직 나만이 할 수 있는 일이 무엇이고 나에게 있는 능력이 어떤 것인가를 보고 나의 탤런트가 감당할 수 있는 일을 하기 위하여 준비하는 것이 중요한 것이다. 나의 탤런트가 무엇인가? 이는 내가 가장 잘할 수 있는 것이 무엇인가를 보여 주는 것이다.

바울은 베드로와 달랐다. 그리고 선교사인 바나바와도 달랐다. 누구도 바울적인 일을 하지 못한다. 그래서 바울의 한 일을 보면 바울 냄새가 나게 되어 있다.

한국의 젊은이들이 취직을 위하여 가능한 한 많은 스펙을 쌓기도 한다. 그러나 그것이 그에게 아무 소용이 없음을 깨닫는 때가 오는데 세상일마저도 그 사람이 가장 잘 할 수 있는 일을 해야지 고소득만 생각하고 준비한다면 헛수고로 끝날 수 있다는 것을 보여주는 좋은 예라 하겠다.

영적 준비란?

하나님과 관계되는 준비이며, 영적인 준비인 것이다. 이 준비는 일반적으로 보이지 않는다. 그리고 이 준비는 누가 도와줄 수 있는 것이 아니다. 내 자신이 하나님 앞에 엎드려지는 모습이 있게 될 때 선교사의 면허증을 바울처럼 받게 되는 것이다. 사람은 통상 영과 육으로 구성되었다고 성경은 가르쳐 주고 있다. 따라서 어떤 준비를 한다면 이 두 가지 측면에서 생각하고 준비되어야 완전하다는 말이다.

육적 준비란?

이 준비는 선교지에서 사역하는데 직접적으로 영향을 미치는 건강관리요, 선교지 적응 기술이며, 사역을 감당 할 제반 방법을 최고 수준으로 준비하는 일이 되겠다. 뿐만 아니라 내가 도전해야 하는 선교지에 대한 제반 상황을 알고 그 상황에 맞는 대책을 강구하는 일이며, 나아가 선교 정책과 계획이 수립되어 있어야 한다.

선교사의 준비가 끝나기 전에는 천지가 두 쪽 난다 해도 선교지로 나가지 말 일이다.

한국인 선교사들은 흔히 열정 하나로 주의 일을 하는 느낌을 주기에 선교사 준비를 좀 소홀하는 경향을 보인다. 그러나 군대 훈련이 미약하면 실전에서 죽을 확률이 많은 것 같이 선교사 훈련이 미약하면 선교지에서 견디기도 쉽지 않고 선교지에 도전하여 새로운 신앙을 그들에게 심는 다는 것도 쉽지 않다고 해야 한다. 따라서 선교사의 준비를 철저하게 하되 영, 육간에 아울러 진행하고, 한국과 선교지에서 이런 준비에 충실해야 한다.

6. 바울의 선교 열정

바울의 선교 열정은 성경 여러 곳에서 나타나고 있다.

특히 예루살렘에 올라갈 때 자신뿐만 아니라 주변의 바울을 사랑하는 모든 사람들이 간곡하게 반대하였으나 그는 성령의 열정으로 인간적인 생각을 거절하고 예루살렘에 올라가 붙잡힌 사실을 알고 있다.

*"보라 이제 나는 심령에 매임을 받아 예루살렘으로 가는데 저기서 무슨 일을 만날는지 알지 못하노라 오직 성령이 각 성에서 내게 증거하여 **결박과 환난이 나를 기다린다** 하시나 나의 달려갈 길과 주 예수께 받은 사명 곧 하나님의 은혜의 복음 증거하는 일을 마치려 함에는 **나의 생명을 조금도 귀한 것으로 여기지 아니하노라**"* (행 20:22-24)

바울의 선교 열정은 한국인들처럼 인간적인 어떤 열정에 영향을 입지 않고 순전히 성령의 열정이 그를 통제하고 있었던 사실을 본다.

한국인들은 정이 너무 많다는 사실을 발견한다. 이런 열정은 현지인들을 버려 놓는 우를 범하게 하기도 한다. 그리고 자신도 그들로 하여금 실망을 느낀다. 누가 현지인들에게 과하게 정을 주라고 했던가? 그것이 하나님의 원하는 하나님의 사람의 사랑이라고 오해를 하면 안된다. 그것이 하나님의 뜻이었다면 왜 그들이 나의 열정에 대하여 응답하지 못하는 것을 보고 왜 실망감을 가져야 할까?

우리는 **하나님의 열정과 사람의 열정**을 구분할 줄 알아야 한다. 하나님의 열정도 무섭다. 그러나 잘못된 사람들의 열정은 피차를 불태워 죽이게 할 것이다. 선교는 열정이 없어도 안되지만 잘 못된 열정은 이단에서나 볼 수 있는 모습이다. 생각컨데 한국교회와 한국인 선교사들은 열정 하나로 일하는 선교사이며, 선교비가 일하도록 하는 선교 형태가 많다는 사실을 깨달아야 한다.

선교사의 선교 열성은 성령에게서 나와야 하고, 주께서 꼭 죽을 나를 대신하여 죽어 주심으로 구속해 주셨고, 구원을 주셨으며, 각종 은혜와 복을 주셔서 살며 일하게 해주심을 감사 감격하면서, 나의 옛 모습 속에서 죽어가는 현지인들이 나와 같은 복된 삶을 살 수 있도록 그를 불쌍히 여기고, 나의 삶을 다하여 그를 살려 내려는 굳건한 의지로 사역을 완성하기 위해 힘써야 한다. 이런 선교사 바울의 열정이 가정을 갖지 않는 결과를 낳았다고 본다.

바울의 이런 열정은 오늘날 우리가 간혹 보이는 인간적인 열정과는 차원이 다른 것이다.

오늘날 우리 선교사들이 열심히 하는 것은 파송 교회 때문일 수도 있고, 내심 나를 나타내기 위한 바벨탑 운동의 일환 일 수도 있을 수 있음을 느낀다. 우리는 바울의 열정을 보면서 우리 자신들을 바로 고치고 하나님만을 향한 선교 열정으로 바울이 갔던 선교의 길을 계속 할 수 있기를 기대한다.

바울의 선교적 열정은 우리들의 표본이다.

오늘 선교사인 나의 선교 열정은 성경적인가? 선교지에 맞는 열정인가?

등에 대하여 생각하면서 이 열정 때문에 선교지를 버려 놓는 일은 절대 있어서는 않되겠다.

따라서 바울의 순수한 복음을 사랑하는 열정을 배워 이를 선교지에서 실행함으로 선교적인 부 작용이 없이 구원의 역사가 일어날 수 있도록 사역해야 할 것이다.

7. 바울과 성령의 역사

바울의 선교 사역을 연구하다 보면 무엇보다도, 그리고 유일하게 성령의 역사가 돋보이고 있다. 사실 선교 사역에 많은 것이 필요한 것이 아님을 바울의 선교 사역을 통하여 배우게 된다.

그러나 우리들은 바울과 달리 선교 사역에 많은 것이 필요하다고 생각하는 사람들이다. 그래서 제대로 된 선교를 감당하지 못하고 있기도 하고, 이런 것들이 오히려 선교에 방해가 되는 것을 많이 경험하였다.

바울은 감옥에 갇혔을 때에도 초주검 상태에 처해 있었으나 찬송과 기도(행 16:25)로 감옥을 빠져 나오기도 하였고,

그레데 섬에서는 독사에 물려 꼭 죽을 수밖에 없었으나 죽지 않고 살아났으며(행 28:3-5), 오히려 이로 인하여 선교사역에 큰 도움이 되었다.

이런 위험한 상황에서 바울이 빠져 나올 수 있었던 것은 성령께서 도와 주셨고, 성령께서 바울을 통하여 복음을 더욱 활발하게 전할 수 있도록 응원하는 하나님의 손길이었다.

우리는 바울의 삶과 사역을 보면서 그가 결코 돈으로 살지 않았음을 확신한다. 오직 성령으로만 살며 일하는 자세를 보였기에 돈이나, 이 세상 어느 것도 그를 유혹하지 못하였다. 따라서 바울의 선교 사역은 순수함이 넘친다. 이것이 오늘날의 우리 선교사들과 다른 점이며, 돈으로 선교하는 선교사들

이 경각심을 가질 뿐 아니라 회개하고 돌아오는 일이 있어야 할 것이다.

선교사에게 필요한 것은 성령이요, 말씀이요, 그리고 경험이다.

바울에게 있어서 **성령은 선교의 주체**였다. 그래서 성령의 지도만을 따랐다. 육체를 가진 우리들에게 성령만을 따른다는 것은 무척 어려운 일이다. 그러나 성령의 사람이 되기만 하면 성령을 따르는 일은 쉬운 일이다. 성령의 역사가 필요하면 나로 하여금 성령의 사람이 되도록 하는 작업이 우선해야 한다.

말씀의 고갈 속의 성령의 역사는 곁길로 빠질 수 있게 한다. 하나님의 말씀이 왕성한 곳에는 성령의 역사도 강하여 구원 받는 권속들이 많이 일어나고 있는 것을 보여 준다. 그러나 말씀의 고갈은 성령의 고갈을 가져 오기에 바른 신앙으로 가지 못하게 한다.

그리고 **목회 실무 경험**은 우리의 사역을 빛나게 할 것이다. 한국교회의 교회 사역에서 많은 실무 경험을 쌓는 일에 최선을 다 할 것이다.

특히 한국 선교사들이 젊어서 선교사로 헌신하여 오기 때문에 교회 목회 경험이 부족한 중에 선교사로 파송 받아 오기에 선교지 교회를 이해하는 일과 동역하는 일에 문제가 있음을 보인다. 더구나 교회를 개척하고 육성하는 선교사들에게는 더욱 문제로 닦아오기도 한다.

예를 들어 한국의 부교역자들은 대부분 예배, 성례(세례, 성찬), 당회, 제직회 인도 등에 대하여 직접 경험해 보지 않았을 가능성이 많아서 선교지 교회를 바로 보지 못하고 선교지 교회를 제대로 지도해 줄 수 있는 가능성을 상실하게 된다.

선교지에서는 무엇보다도 성령의 역사가 선교사의 사역에 나타나 주어야 한다.

8. 바울의 최후

바울의 마지막이 가까운 때에 그를 아끼는 사람들은 바울이 예루살렘에 올라가는 것을 말렸다. 성령께서도 바울에게 이번 예루살렘 방문이 많은 고난과 생명을 잃게 될지도 모른다는 의식을 가지고 있었다. 그러나 그의 믿음과 선교의 비전과 열정은 죽을지언정 예루살렘 상경을 결정하게 되니 모든 사람이 눈물바람으로 보냈다.

"오직 성령이 각 성에서 내게 증거하여 결박과 환난이 나를 기다린다 하시나 나의 달려갈 길과 주 예수께 받은 사명 곧 하나님의 은혜의 복음 증거하는 일을 마치려 함에는 나의 생명을 조금도 귀한 것으로 여기지 아니하노라"(행 20:23-24)

이는 예수께서 자기 생명을 아낌없이 십자가상에서 우리를 위해 주신 것과 같은 것이다. 이것이 바로 선교사의 길 임을 보여 주고 있다.

바울은 복음을 전하다가 하나님이 부르시면 어느 때라도 빈손으로 하나님께 가려는 믿음과 태도를 가지고 있었다. 이 만큼 행복한 삶은 찾아보기 힘들 것이다.

바울은 62년경에 죄수의 몸으로 로마에 호송되어 2년 동안 구금되었고 그때 옥중서신을 썼다. 바울의 죄가 종교적인 문제였기에 방면되었으나 AD

64년 7월 19일에 로마 대 화재의 원인을 그리스도교에 돌려 당시 기독교의 지도자 바울은 1순위로 소아시아에서 체포하여 투옥하였다.

로마의 감옥은 대체적으로 지하에 있고 돌로 축조되었기 때문에 우기에는 냉기가 뼛속까지 사무쳤다. 그래서 바울은 에베소에서 목회하고 있는 디모데에게 "드로아 가보의 집에 둔 겉옷을 가지고 오라"고 편지를 보낸 것 같다

사도 바울이 순교는 67년(유세비우스), 68년(제롬) 등으로 추정되고 있지만 전하는 바에 의하면 바울은 네로 박해 시에 로마의 포룸 근처에 있는 마머틴 감옥에 갇혔다가 이 곳 세 샘터에서 목 베임을 당했으며 시신은 성 밖 퓨오리데 뮤라(지금의 성 바울 대 성당)에 묻혔다고 한다.

선교사의 최후

그러나 선교사인 우리들은 내 인생의 최후가 다가올수록 행복한 삶 보다는 근심과 염려가 엄습하는 삶을 불안하게 살아가는 것을 자주 본다. 성경에는 네가 염려함으로 네 키를 한자나 더 크게 할 수도 없다(마 6:27)고 하고 있음에도 말이다.

사실 우리는 열심히 일 할 때는 나이도 아직 젊고 죽을 때도 아직 멀기에 아무 생각 없이 열심히 주의 일만 하였다. 그러나 나이도 들고 선교사역의 끝이 가까울수록 제 정신이 들어 장래를 염려하는 모습을 보이게 되는데 바울처럼 초지일관하는 모습을 견지하기 위해 최선을 다하고 하나님만 바라면 하나님께서 서운치 않게 해 주실 것이다.

만약에 하나님께 맡기지 않고 내가 어떻게 해 보려고 할 때 나의 육이 벌떡 일어나 지금껏 잘 살아온 삶에 먹칠을 하는 상황을 만들 염려가 있게 된다. 이로써 나를 존경해 오던 사람들이 "너도 인간 이었구나" 라고 하고 우리를 떠날 것이다.

주님이나 바울처럼 아름답게 최후를 맞이하고 빈손 들고 하나님 앞에 갈 일이다. 여기에 하나님의 큰 보상이 있을 것이다.

우리 모친은 태중에 있는 아들을 주의 종으로 바친 것에 책임감을 갖고 선교 사역을 마칠 때를 생각하여 우리에게 서울의 아파트 한 채를 남겨 주셨다. 바울에게도 없었던 복이요, 선교사에게 흔치 않은 일이다. 이 아파트를 전, 월세를 놓아 지금도 생활에 도움이 되고 있으나 앞으로 우리의 노년에 더욱 많은 도움을 줄 것으로 보인다. 우리는 사도 바울 같은 수준이 아니어서 이런 대책이라도 허락해 주신 것으로 알고 우리의 형편과 처지를 아시는 하나님께 그저 감사가 넘친다.

바울의 최후는 순교로 마쳤다.

때문에 은퇴 이후에 대하여 염려 할 필요가 없는 삶으로 생을 마감하였다. 오늘의 선교사들은 이렇게 순교 할 확률은 많지 않은 형편이다. 그러나 순교하는 삶으로 마칠 수 있는 준비가 되어 있다면 장래가 어떠하던지 평안한 삶으로 생을 마감 할 수 있을 것으로 믿는다. 바울의 하나님과 나의 하나님은 동일 한 분이시기에 바울의 모습을 보면서 좀 더 안심하는 삶으로 은퇴 후의 삶을 영위할 수 있을 것이다.

제3장

정승회 선교사의
태국 정착의 실제

내가 어떻게 태국 선교사로 정착 하고 40년간 태국인들과 사역을 할 수 있었는지를 간증해 주는 것은 후배 선교사들에게 선교지 정착을 어떻게 할 것인가? 에 대한 해답이 될 것이다.

나는 신학교를 마친 후 전북노회 직영 고등성경학교의 교무로 근무한 후 3년간의 군목 생활을 마치고 익산 북일교회(원광대 근처)의 위임목사로 1975년에 부임하여 3년째 사역하던 중 갑작스럽게 태국 선교사로 하나님의 부름을 받았다.

선교사 훈련은 동서선교연구원의 여름선교훈련을 받은 것이 전부다. 태국 선교사로 선발 되어 예장 합동총회의 선교사 인준(1978년 9월 총회)을 받았으나 태국 선교사로 갈 길은 막연하였다. 태국기독교총회(CCT)는 한국의 유명한 선교단체가 자리를 잡고 있어서 갈 길을 찾지 못하다가 태국 CCC총재 쏨디박사의 주선과 태국복음주의연맹(EFT)의 회장 짜란박사의 초청으로 태국교회진흥원(현 개신교협의회 전신)의 선교사로 1979년 12월에 태국에 입국하였다.

초청단체가 태국의 교회 지도자들이 모인 단체였기에 우리는 공항에서부터 태국교회 지도자들의 영접을 받았다.

그 후 우리는 태국교회진흥원의 선교사로 있으면서 태국교회 고급 지도자들에게서 모세의 왕궁 교육과 훈련을 받는 것 같은 상황에서 태국 선교사의 수업이 시작되었고 CCT 총회와 OMF 선교부가 공동 운영하는 태국어 학교인 ULS에서 태국어 수업을 1년간 받으면서 방콕의 모든 태국교회들을 방문하였으며 방콕에서 개최되는 모든 집회에 참석하였다.

그 당시 태국에는 한인교회를 목회하는 선배 선교사 한 가정이 있었으나 우리는 태국인들과 모든 일정을 함께 하면서 태국인이 되기 위해 힘썼다.

최찬영, 김순일선교사 이후 처음으로 태국인과 사는 선교사의 길을 간 것이다.

주태 한인선교사 친교회를 조직하는데 동기를 부여해 주는 일을 하였으나 함께 하지는 않았다. 선교보다 인간 욕심을 앞 세우는 데는 관계하기 싫었기 때문이다. 많은 선교사들이 오해를 하였으나 나는 외로움을 오직 태국화에 힘썼다. 그래서 누구보다 태국 현지 선교에 앞장서가는 선교사가 되었다.

나의 태국화는 한인 보다는 태국인과 많은 시간을 함께 하였기에 우리 애들도 완전 태국 애들이 되었다. 이것이 우리들의 자랑이라면 자랑이라 하겠다.

우리의 이런 제반 태국 생활의 경험들을 듣다 보면 태국 정착을 어떻게 하면 되겠다는 생각이 들것이다.

1. 태국선교사 준비와 태국 입국

1978년 9월 제63 총회에서 태국 선교사로 인준을 받고 왕십리교회에서 선교사 준비를 하고 있을 때 태국 치앙라이 출신 위라 전도사를 한국에서 만나게 되었다.

나는 그를 통하여 태국어와 태국 교회와 풍습 등 태국을 이해하고 선교 계획을 세우는 기회로 삼았다.

특히 태국어를 배울 때 내 귀가 한국어에 익숙하고 태국어에 생소하였기에 위라 전도사가 발음하는 태국어 발음이 나오지 않았다. 나는 분명히 위라 전도사의 말을 듣고 그대로 발음을 하였는데 아니라는 것이다. 내 귀가 아직 할례를 받지 못하여 생긴 문제였다. 그러나 나의 태국 말은 태국어 인사나 나를 소개하는 것은 할 수 있었다. 이것이 오히려 태국에서 태국어를 배우게 될 때에 조금은 방해 요인으로 작용하기도 하였다.

태국에서 40년이 된 지금은 오히려 한국말을 듣는데 어려움이 있을 정도로 바뀌었다. 그러나 아직도 나는 태국 말을 잘하는 편은 아니다. 그러나 어떤 통역이든지 쉬운 태국 말로 통역해 낼 수 있는 것이 나의 장기이다. 강사도 나의 통역을 선호 한다. 그리고 현지인에게는 웃음을 선사하는 통역이다.

1. 한국에서 선교지 선교전략 수립

나는 이 준비 기간에 나의 태국 선교 전략을 세웠다고 생각하기에 후배 선교사들에게 선교지에 도착하기 전에 선교지 선교 전략이 수립 되지 않으면 안된다고 강조하고 있다

선교지에 도착한 후배 선교사들에게 어떻게 사역하려고 하느냐? 고 물으면 이제 선교지에 왔고 선교지를 잘 모르니 차차 어떤 사역을 어떻게 감당할 것인가에 대하여 생각해 보려 한다고 대답하는 사람들이 있다.

한국에서 선교지 연구를 마쳤다면 선교지에 오기 전에 개괄적인 선교지의 나의 선교 전략이 수립되어 있어야 한다. 선교전략 수립을 선교지에 와서 하면 이미 늦은 것이다. 한국에서도 충분히 선교지를 연구하고 선교 전략을 수립하는데 문제가 없는 것이다. 현재는 선배들이 나가 있지 않은 곳이 없을 정도이고 그들의 선교 보고서가 세상에 나와 있다. 먼저 그들의 사역을 살펴보면 자신의 선교적 탤런트와 맞는 것이 있기도 하고 그 선배의 선교 전략이 좋은데 자기에게는 그와 같은 선교적 탤런트가 없는 것도 있어서 자기가 할 수 있는 범위 내에서 내가 할 일을 정하면 되는 것이다.

나는 한국에서 변변한 선교 훈련을 받은 사람이 아니다. 그래서 태국에서의 선교 사역은 한국에서 목회하는 식으로 전개하기 시작하였다. 그것이 지금의 나의 주 사역인 교회 개척과 목회자 양성이란 사역이다. 그리고 나의 모든 선교 사역은 우리의 고문인 태국교회 지도자들에게 년 1회 보고를 하고 심사를 받아서 지금 할 수 있는 것은 지금 시작하고 아직 시작할 수 없는 것은 서두르지 않았다.

2. 태국 던므앙 국제공항 입국

우리는 위라 전도사와 함께 방콕 던므앙 국제공항에 12월27일 오밤중에 도착하였다.

공항에는 태국복음주의연맹 짜란박사 내외를 비롯하여, 태국교회진흥원장 위치엔박사, 방콕신학교 교장 티라박사, 태국교회진흥원 간사 씰라윗목사 등이 영접하였다.

이런 태국교회 지도자들이 우리를 영접하게 된 것은 태국교회진흥원에 파송받은 한국인 선교사이기에 자기 단체의 선교사를 영접하기 위함이었다.

우리 애들은 방콕 **싸판콰이의 크리스챤 게스트하우스**(CM&A)에 도착한 그 날 오밤중에 위라 전도사를 놓아주지 않았다. 새로운 환경이 무서웠을 것이다. 그래서 태국인이며 한국에서 친하게 사귄 위라 전도사로 하여금 한 방에서 같이 잠자기를 원하여 한 방을 사용하겠다고 하니 태국교회 지도자들은 이를 말리기까지 하였으나 우리의 형편에 다른 방도는 없었다.

싸판콰이 크리스챤 게스트 하우스

3일 정도 게스트 하우스에 있었는데 아침식사를 위해 식당을 가니 서양 선교사가 아주 어린 아기와 함께 아침 식사를 하는데 어른처럼 자기 스스로 식사를 하는 것이었다.

한국 애들이면 먹여 주어야 하는 나이인데 자기 스스로 식사하는 것을 보고 충격을 받았다.

그런데 태국 애들은 엄마나 아이를 돌보는 사람들이 밥을 들고 따라 다니면서 애들이 상당히 성장 할 때까지 밥을 먹여 주면서 기른다.

우리 아들도 태국 엄마들이 밥을 들고 따라 다니면서 자기 아이에게 밥을 먹여 주는 것을 보고 왜 엄마는 그렇게 하지 않는가? 고 불만을 토로한 적이 있다. 그러나 우리 딸아이는 서양 애들처럼 자립심이 강하여 엄마의 도움 없이 자기 머리를 빗는 것부터 학교 다니는 일에서 자기 스스로 하더니 ISB를 다닐 때는 학생회 간부가 되더니 그 해 회장도 아닌데 학교로부터 리더십상을 수상했다. 딸이 시집가서 딸을 낳았는데 그 손녀가 어려서부터 누구도 그에게 밥을 먹여 주는 것을 용납하지 않는 것을 보고 자기 엄마 닮았다는 생각을 했다.

한국인 선교사들은 선교사 준비보다는 빨리 선교에 들어가야 한다는 강박관념 속에서 사는 것 같다. 그래서 자신의 준비나 후원자도 제대로 준비되지 않았는데 무조건 현지로 가고자 한다. 그러나 선교사의 준비는 예수님이나 사도 바울에게서 고찰해 보았던 것처럼 30년도 걸리고 3년도 걸리는 사실을 기억하고 선교사 준비를 착실하게 잘하면 그만큼 롱런 할 수 있고, 결과도 좋고, 고생도 덜 한다는 사실을 기억했으면 한다.

필자도 제반 여건 때문에 총회 선교사 인준을 받고도 1년 반 가까이 선교지로 출발하지 못한 경험이 있다. 필자와 같은 경우는 우선 여권 발급부터 제재를 당하게 되었는데 한국정부가 여권이 무슨 중요한 것처럼 잘 발급해 주지 않았으며 선교사는 문공부의 추천을 받아야 하는데 좀처럼 추천을 해 주지 않아서 여권 발급하는 기간도 많이 소요 되었으나, 태국에도 이미 자리 잡고 있는 한인 선교단체가 자기노선이 아니면 태국에 들어갈 수 없도록 만들었기에 총회선교사인 필자는 많은 시간이 소요 되었지만 김준곤목사님을 통하여 하나님은 길을 열어 주셔서 선교지에 안착하였다. 하나님이 부르신 선교사는 어떠한 상황에서도 선교의 길을 열어 주시는 것을 확실히 보게 하였다. 그리고 이 부르심에 응답하기 위해 조심스럽게 선교지에서 사역함으로 하나님께 누가 되지 않게 해야겠다는 각오가 새롭다.

한 싱가폴 선교사는 싱가폴의 한 국제선교단체에서 싱가폴 비자를 주기로 하여 싱가폴에 입국하였는데 그 대표를 만나 우리 총회에 대한 자랑을 장황하게 하였더니 그 대표가 할애해 주겠다던 선교사 비자를 주지 않고 당신이 장로교냐? 고 물어보고는 어디에 가면 장로교회가 있으니 그곳에 가보라고 자기를 거절하여 태국에 왔다며 이곳에서 동역하고 싶다고 하여 하나님께서 당신을 싱가폴로 파송했으면 분명히 길이 있겠으니 쉽게 포기하지 말고 힘써 보라고 돌려보냈는데 그때 악감을 갖고 백방으로 노력하다가 싱가폴 대학의 중문과에 등록하고 비자를 얻게 되니 그 모든 서류를 나에게 보내서 네가 도와주지 않았는데 이렇게 비자를 얻었다고 나를 욕하는 동작을 취하였으나 이미 나의 예언이 그에게 성취되었던 것이다.

2. 태국어 공부와 태국교회 알기

1. 태국어 공부

우리는 태국에 도착한지 몇일 후인 1월 2일부터 씰롬 거리에 있는 태국어 학교(Union Language School)에 등록하여 태국어 공부를 시작하였다. 그리고 그 해 12월5일 태국 문교부에서 실시하는 태국어 국가고사(당시에는 초등학교 4학년 과정) 를 "크루싸파"(교사회관)에서 하루 종일 응시하였고 1개월 후 합격하였다는 통보를 받았다.

태국어 학교는 "씰롬 도로" 입구에 있었는데 CCT 총회가 운영하고 있는 선교사 언어 학교였다. 우리 집은 태국교회진흥원 사무실이 있는 태국식 단독 건물로 "쏘이 나렛"(프라람 4 근처) 이었는데 제2 교회 뒤편에 있어서 "팟퐁 거리"를 거쳐 15분정도에 씰롬 거리 건너편 길가에 있는 학교에 도착하였다.

당시 우리는 태국어를 잘하지 못하면 죽는 것으로 알고 3살 반, 1살 반짜리 애들을 같이 사는 태국인에게 돌보아 줄 것을 부탁하고(사실은 그냥 버려두고) 아침 7시 15분경이면 학교를 갔다가 12시경에 돌아왔다. 내박쳐둔 애들은 말이 아니었다. 모기에 물려서 온 몸이 두드러기가 난 것 같아 상거지 꼴을 하고 있었다. 그래도 무슨 느낌이 없이 6개월 정도 살았다.

가까이 지내던 음상하 장로(신현교회)는 이런 우리 가족을 염려하여 애들이 이상해지는 것 같으니 아파트로 이사를 하라고 권하여 6개월 정도 후에 수쿰윗 쏘이 15 안쪽 크렁떠이 야채시장이 가까운 곳에 있는 아파트(엣스씨 코트)로 이사를 하니 전에 비하면 천국이었다.

일단 태국어 공부를 시작하면 마칠 때까지 쉬지 말고 단숨에 태국어 공부를 마스터해야 한다. 이것이 태국어 공부를 완성하는 첫 번째 비결이다.

다음에는 개인적이든 공공 석상이든 나의 태국어를 활용하는 실습이 필요하다.

이때에 한국 선교사를 만나는 것을 삼가고 한국인 선교사를 만나도 태국말을 사용한다면 크게 도움이 될 것이다.

내가 우리총회 태국 선교 지부장으로 있을 때는 지부 모임을 태국어로 진행하였다. 이를 불평하는 사람도 있었다. 그러나 이렇게 함으로 태국어를 아는 사람은 태국어 활용 능력을 향상시키고, 이제 막 태국에 온 그래서 태국어를 모르는 사람은 태국어의 중요성에 대한 경각심을 줄 수 있어서 좋다고 본다.

나는 이미 교회를 개척하여 목회를 하고 있었기에 후배들의 태국어 활용 능력을 높이기 위하여 6개월까지 기초 태국어를 배울 때는 우리 교회에서 할 수 있는 어떤 일이든지 참여하도록 하여 태국화에 힘썼고 그 이후에는 태국교회의 예배에 참석하고 그 교회를 살펴보고 와서 오후 예배 시간에 그 태국교회 방문에 대한 간증을 태국어로 하도록 하여 태국언어 훈련을 시키면서 태국교회 알기를 지도해 주었다.

2. 태국교회 알기

태국어를 배우는 동안 우리는 매주일 태국인 교회를 찾아 다녔다. 태국교회를 제대로 알지 못하면 태국교회 개척 사역을 제대로 감당 할 수 없기 때문이라는 판단에서 였다. 교회를 갈 때는 한국에서처럼 정장을 갖추었고 교회에는 30분 전에 도착하였다.

당시에는 교회당에 에어컨 시설이 되어 있는 교회당은 하나도 없었다. 왓타나 교회당은 예배시간에 참새들이 교회당 안을 날아 다녔다. 좋게 생각하였으나 간혹 우리들에게 똥칠을 해 주었다. 그 당시에도 지금의 크리스천 다이렉토리 같은 것이 있어서 교회를 그것으로 찾기도 하고 이웃에게 물어서 미리 알아두고 교회를 탐방하였다.

이런 나의 노력은 태국교회를 상당히 알 수 있도록 해 주었다. 아울러 태국인 집회가 있으면 부지런히 참석하여 태국인들을 점점 알아갔다. 당시에는 한국인 선교사는 한인교회 담임목사와 현지인 선교사인 나뿐이었다. 태국교인이나 지도자들은 한국 선교사인 우리를 최찬영목사와 김순일목사에 대하여 이야기를 해주면서 우대하였다.

태국교회를 알기 위하여 한국인이 이제 개척한 교회를 가 보았다는 후배가 있어서 그런 교회는 가지 말고 전통있는 태국교회들을 방문하여야 태국교회를 배우는 것이라고 지도해 주었다. 태국교회를 방문할 때는 장, 단점을 잘 판단해 두어야 후에 내가 태국교회를 위하여 일할 때 크게 사용될 수 있는 것이다.

태국교회 속에 태국교회 성장을 방해하는 요소가 있기에 이를 발견하지 못하면 쓸모 없는 선교사로 남게 될 것이다. 그리고 한국교회와 달리 태국교회가 하고 있는 것의 의미를 찾을 줄 알아야 한다. 태국교회가 하는 일은 태국 상황에 맞는 교회 정치와 행정이기 때문에 이를 한국식으로 바꾸면 교회를 해칠 수 있기 때문이다.

나는 교회를 개척하기 전 싸톤따이 수안푸루에 있는 수안푸루교회(쁘라 썻목사)에서 태국교회 훈련을 받았다. 그 교회도 태국의 일반적인 복음송을 많이 불렀는데 그때 태국에서 부르는 복음송을 다 배웠다. 그 중에 지금까지도 가끔 사용하고 있는 복음 송은 "마이미 아라이 티야 쌈랍 프라짜우 / 툭씽 툭양 뻰다이 삼랍 프라짜우"라는 곡이다. 하나님의 특별한 능력을 구하는 기도 후에는 자연 이 찬송을 부른다.

그러나 예배 시간에는 예배의 수준을 생각하여 복음송을 부르지 않고 찬송가에 있는 찬송가를 부른다. 이것이 태국의 전통적인 정서에 맞다고 본다.

3. 방콕 알기

선교지를 가면 내가 어디에서 선교사역을 감당하던지 그 나라의 수도를 먼저 점령해야 한다.

수도를 잘 모르는 상태에서 시골에 처박히면 그 선교사의 선교사역에 지장을 줄 수 있기 때문이다. 그리고 피 선교지는 그 나라 수도와 시골과의 차이가 하늘과 땅의 차이가 나기 때문에 완전한 선교 사역에 도움이 되지 못하게 된다.

또한 수도를 모르면 한국의 후원교회들이 그 나라의 수도를 둘러보고 싶을 때 그들을 안내할 수 있어야 하는데 안내가 시원치 않으면 오해를 받을 수도 있다.

그러므로 선교지에 도착하면 우선 수도에서 언어 공부와 선교지 훈련을 쌓고 수도를 잘 안 후에 가서 일하고자 하는 곳으로 가서 사역을 할 것이며 사역하는 동안에도 가끔 수도를 방문하여 다른 선교사들과 친교도 쌓고 돌아가는 소식도 들으면서 수도에 대한 업그레잇을 계속할 수 있기를 바란다.

나는 처음부터 태국의 수도 방콕에 자리를 잡았다.

언어를 배울 때는 집에 에어컨이 없어서 오전에 언어공부를 하고 오후에는 집에 있지 않고 에어컨 버스를 타고 이쪽에서 저쪽 끝까지 다니면서 방콕 구경을 하면서 방콕 알기에 힘썼다.

그때 현지인을 만나서 태국어 활용 능력도 좋게 하였다.

지금이야 인터넷 구글 지도나 스마트폰 지도도 있으나 당시에는 발로 뛰어 가보지 않으면 알 수 없는 시절이었다.

이렇게 함으로 방콕에 대하여 문의해 오는 사람에게 잘 안내해 줄 수 있었고, 누가 자기 있는 지역을 설명해 줄 때 무리 없이 이해를 함으로 교제와 대화가 제대로 진행 될 수 있었다.

방콕지역에만 살며 일하는 사람은 간혹 시골 친구 선교사들을 방문하여 그 지역에 대하여 운이라도 띄고 있어야 한다.

한국교회는 자기 선교사가 모든 것을 다 잘 알고 있을 것으로 이해하고 있기에 자기 선교사가 별로 모르는 눈치를 보이면 무시하고 선교비를 중단하는 위기를 맞을 수도 있는 것이기 때문이다. 후원교회의 눈높이에 맞춰주어야 한다는 말이다.

이때가 선교사에게 차량이 더욱 필요한 때다.

후원교회는 선교사가 아직 일을 시작하지 않은 때에는 차량이 별로 필요

없을 것으로 인식하고 있다. 그러나 선교지에 도착하고 선교지를 알아야 하는 시기에 선교사의 차량이 더 필요하다 하겠다.

이때 이곳저곳을 막 다녀 보아야 하는 때이기 때문이다. 그러나 선교지에서의 차량 운전은 한국과 다르기에 선교지의 운전 상식을 선배들에게 배우지 않으면 교통사고로 다치던지 죽을 수도 있다는 사실을 알아야 한다. 교통법규는 모든 나라가 거의 비슷하다. 그러나 각 나라의 불문율로 지키고 있는 교통 상식은 전혀 달라서 이를 모르면 선의의 피해를 당하게 된다.

선교지에서 교통사고로 죽은 사람들이 모두 다 이런 교통 상식을 알기 전에 교통사고를 당하여 희생된 것으로 짐작한다.

태국의 예는 모든 운전자가 한국 사람으로써는 상상 할 수 없는, 추월 할 수 없는 곳에서 불법으로 추월해 오는 때가 자주 있다. 한국 사람은 자기는 교통 법규를 잘 지키지 않으면서도 다른 사람의 불법적인 운전을 용납하지 못하는 성격을 가지고 있다. 태국인이 나의 반대 방향에서 불법적으로 추월해 온다면 우리는 그의 이런 추월을 방해하려는 마음이 든다. 그리고 내가 잘못하지 않았으니 사고 나면 내 책임이 아니다. 라는 생각으로 절 때 비켜주지 않게 된다. 그러면 사고가 나고 나는 죽게 될 것이다.

다른 사람이 불법으로 추월해 온다면 그를 탓하기 전에 내가 살아야 한다는 생각을 먼저 하는 것이 옳다. 그리고 그의 불법적인 추월을 잘 하도록 곁길로 피해 주어야 한다. 그리고 후에 나도 필요하면 그렇게 추월할 수 있는 것이다. 이 교통법규를 모르면 내가 죽게 될 것이다.

오래 전에 이집트를 방문 했을 때 그곳의 김 선교사가 라이드를 해 주었는데 내 생각에는 빨강 불인데 그냥 지나가는 것을 느꼈다. 위험을 느낀 나는 왜 운전을 그렇게 위험하게 하느냐고 물어보았다. 그의 대답은 그러면 우리 식으로 빨간 신호등을 그냥 기다려 보겠다고 하고 그렇게 하니 앞과 옆에 지나가는 차량이 없는 상황에서 가지 않는다고 빵빵거렸다. 그곳의 불문율 교통 법규인 것이다.

선교지에서 이제 막 정착을 시작할 때가 차량은 더 필요하다고 하였다. 그러나 그 때에 자칫 교통사고를 당할 수 있다는 주의를 준 것이다.

아주 오래 전 이집트에서 선교사가 알렉산드리아를 운전하고 가다가 교통사고로 사망한 사건이나, 몇 년전 캄보디아에서 선교사 한 가족이 수도에서 언어 공부를 마치고 선교지를 향해 온 가족이 차를 몰고 가다가 온 가족이 사망한 사건 등은 모두 이런 불문률의 교통 법규를 잘 몰라서 일어난 사고라고 보여 진다.

내가 현지에서 살아남는 길은 선교지 현지를 잘 알고 그에 맞추어 살며 일해야 견딜 수 있다는 것을 다시 되새겨 본다.

3. 태국교회 진흥원의 선교사 사역을 통해

나는 태국교회의 초교파 교회 지도자들 및 선교사들로 구성된 태국교회 진흥원에서 사역 할 선교사로 초청을 받아 태국에 입국 하였다.

태국교회 진흥원은 한국교회의 부흥과 성장을 배우기 위해 매해 태국교회 지도자들의 한국교회 방문 견학 사업을 전개하고 있었는데 1979년 나는 태국 파송을 앞두고 있었고 태국교회 진흥원은 태국교회 지도자들의 한국교회성장 세미나를 한국에서 개최하기 위하여 한국교회를 방문하고 있었기에 태국교회 진흥원은 나에게 태국교회 지도자들을 한국에서 만나 보도록 연락이 왔다.

나는 영락교회에 있는 이들을 방문하여 인사를 하고 우리 왕십리교회 주일 저녁 예배에 이들을 초청하여 함께 예배하며 친교의 시간을 가졌다.

그리고 그 해 나는 태국 선교사로 파송 받아 왔고 태국교회 진흥원의 선교사가 되어 매번 모임에 참석하였다. 그러나 나는 막 30이 지난 상태의 청년이었고 태국교회 지도자들은, 나보다 20년 정도는 많은 태국교회의 고급 지도자들 이었다.

때문에 한 동안 모임에는 참석하나 고문관으로만 있었다. 그러나 얼마가 지나니 입이 좀 열리는 느낌을 받았다.

당시 태국교회 진흥원은 한국교회 성장 세미나를 주관하였는데 내가 선교사로 오면서 이 사역이 나의 책임이 되었고, 한국교회진흥원(한경직)과 아세아 연합신학대학원(한철하)에서 태국교회 진흥원을 통하여 태국 교회 개척사역을 전개하였는데 이 사역을 도와주는 일을 하였다.

또한 태국교회 진흥원은 4년마다 "태국 대 전도대회"를 개최하고 있었는데 한국인 2인이(김준곤, 김장환)주 강사로 초청되기도 하였다. 이로 인하여 김준곤목사가 나를 태국교회에 소개시켜 주어서 태국교회 진흥원의 선교사가 되었고 1988년의 방콕 왓타나교회와 학교에서 개최한 대회에는 대회 중앙위원으로 활동하였으며 그때 김장환목사가 주 강사로 초청되어서 뒷바라지를 한바 있으며 이 대회 후에 태국교회 진흥원은 "태국 개신교 협의회" (회장-통차이목사)로 개편하여 오늘에 이르고 있으며 이 대회는 계속 개최되고 있다.

태국교회진흥원에서 주관하던 "한,태 교회성장 세미나"가 개신교협의회로 개편되면서 이 사업이 나에게 떨어졌기에 그때부터 매년 한국에서 교회 성장 세미나를 개최하면서 태국인들, 태국교회들을 더 깊이 알게 되었으며 태국교회 목회자들의 한국교회 1개월간의 실습은 태국 목회자를 잘 알게 되는 기회가 되었다.

나는 태국교회 진흥원의 선교사로 사역하면서 많은 것을 배우고 경험하는 기회를 얻었다. 그것도 고급 지도자들의 하는 것을 보고 배웠으며 그들이 먹는 태국 음식을 배우고 태국 사람들의 성격과 사는 방법을 보고 배웠다. 그래서 지금 내가 하는 사역에는 그들에게서 전수 받은 태국 적이면서 저급하지 않고 고급스러운 선교 사역을 감당해 오게 된 것이다.

이 기간을 나는 모세가 왕궁에서 왕자 수업을 받은 것처럼 나의 선교사 훈련이 태국교회 고급 지도자들에 의해 자연스럽게 선교사 수업을 받은 것과 비슷하다고 느껴진다. 이런 선교사 현지 훈련 과정을 경험한 한국인 선교사는 없었고 앞으로도 없을 것으로 보이는 아주 좋은 경험과 훈련을 하나님은 나에게 허락하셨다. 이것이 나로 하여금 태국 선교지에 정착하도록 하게하는 기반이 되었다.

그리고 나의 선교사역이 수준 높은 사역이 되어 목회자 육성과 훈련에 치중하여 치앙라이 장로교신학교(PTS)의 석사과정과 미국 위클립대학교의 박사과정을 통하여 태국교회 목회자들의 자질을 높여 주는 일과 신학교 교수 요원을 양성해 주는 귀한 사역을 할 수 있었다.

선교사역이 쉽지 않다고 수준이 안되는 선교사역을 전개 했다가 후에 후회하는 선교사가 되지 말고 선배 선교사와 현지 교회 지도자들에게 잘 배워서 현지 교회들도 자랑스럽게 아는 선교 사역을 전개해 줌으로 한 단계 높은 현지 교회들이 되도록 최선을 다해야 할 것이다.

그 당시 태국교회 진흥원은 태국 복음주의 연맹 건물 4층에 사무실을 두고 있었기에 나는 날마다 사무실로 출근하니 자연 태국 복음주의 연맹 사무실 요원과 한 풀이 되어 지냈다.

이로 인하여 태국의 교회와 교계를 더욱 더 알게 되었고, 태국 복음주의 연맹의 여러 가지 사역들에 동역하는 기회가 되었다. 그래서 태국복음주의 연맹을 속까지 아는(루텅 루풍) 선교사가 되었다.

4. 주태국 한국 장로교선교부
운영을 통해

나는 태국에 입국한 후 최초의 선교사 비자 연장에 큰 어려움을 당했다. 이 경험은 후에 "駐泰國 韓國長老敎宣敎部"(The Korea Presbyterian Mission in Thailand)를 현지에 설립하는 계기가 되어 전화위복(轉禍爲福)의 복을 경험하였다. 지금도 한인 선교사들 중에 자체 선교사 비자를 소유하고 있는 선교 단체는 우리뿐이다.

하나님은 누구보다도 태국 선교의 튼튼한 기반인 선교 단체를 주시고 선교사 비자를 주셔서 걱정 없이 자유스럽게 태국에서 선교사 활동을 하고 있는 큰 축복이 요즘에는 더욱 크게 느껴지고 있다.

1. 대 정부 관계에서

하나님은 나를 아주 적당한 시기에 태국 선교사로 보내 주셨다.

나의 태국 입국 후 1년도 되지 않은 1980년 후반부에 태국 문교부 종교국은 선교 단체들을 모으고 새로운 선교 정책을 발표하면서 선교사 비자를 고정해 버렸다, 그 때 이후 지금까지, 그리고 앞으로도 태국의 종교정책이 느슨해질 가능성은 없다.

그 때 우리는 태국 복음주의연맹 회장 짜란박사의 지도를 받아 선교단체를 설립하고 종교국에 등록함과 동시에 종교국과 선교단체들의 회의를 통해 선교사 비자 20개를 신청하여 허락을 받아 오늘에 이르고 있다.

처음 선교사 비자로 태국 비자를 연장하려 할 때 나는 태국에서 쫓겨나게 될지도 모른다는 위기감 속에 불안을 체험하였다.

나를 태국 선교사로 초청한 짜란박사나 위치엔박사는 태국의 어른이 되어서 이 선교사 비자 하나 처리해 주지 못하는 사람이 되지 않기 위해 많이 기도했으며, 태국 복음주의연맹의 정기총회 기간임에도 불구하고 회장인 짜란박사는 종교국을 들랑달랑 하면서 나의 선교사 비자 문제를 해결하기 위하여 애쓰던 중 하나님의 특별한 은혜로 나 때문에 애쓰는 짜란박사에게 종교국은 태국 복음주의연맹에 100개의 선교사 비자를 허락하겠다고 하여 이 비자로 나의 선교사 비자 문제를 해결하면서 태국 복음주의연맹에도 태국 기독교총회처럼 자체 선교사 비자를 소유하게 되었다.

그 이후 종교국은 태국의 종교정책을 손질하면서 선교사 비자를 제한하는 정책을 펼치므로 1200여개의 선교사 비자로 고정 되었고 그 안에서 돌려 사용하고 있는 형편이다.

이 일로 나는 태국 정부의 일하는 방법을 배웠고, 태국 정부 행정에 적응하는 기술도 배우게 되었다.

2. 대 기독교 관계에서

태국교회 진흥원이 태국 복음주의연맹 4층에 사무실을 두고 있는 관계로 나는 사무실 직원과 한 풀로 지내면서 기회가 있을 때마다 태국교회진흥원 일이든 태국 복음주의연맹 일이든 가리지 않고 도와주었다. 나는 여기에서도 배운 바가 많다.

특히 태국교회 진흥원이 태국 개신교 협의회로 개편되면서 한국에서 개최하던 "한국교회 성장세미나"를 계속하지 않게 되어 이 프로젝트가 자연 우리 선교부의 사역이 되었고 오광수목사가 이끄는 한국목연회의 한, 태 교회성장 세미나를 한국에서 매년 개최하게 됨으로 태국교회 지도자들과 더욱 가까운 사역을 하게 되었다.

이때 나의 신실하고 희생적인 동역자 완타니권사를 만나게 되었고 바울 사도에게 눈이라도 빼주려는 후원자처럼 선교 재정이나 보호자로서의 역할을 톡톡히 감당해 주고 있어서 "선교부 고문단"의 사역의 자연적인 약화를 대신해 주고 있다.

KPM선교부를 조직하고 종교국에 등록 할 때부터 태국교회 진흥원의 임원들을 선교부 고문으로 모시면서 각개 각층의 교회 지도자들을 고문으로 모시고 한국 총회의 선교적인 약점을 보안하여 선교지 현지 사역을 감당하기 시작하였다.

3. 선교부 고문단들의 선교 사역 지도

선교부는 30명 정도의 태국교회 각 교단의 지도자들과 선교사들을 고문단으로 모셨으며 매년 초 고문단과의 선교사들로 선교부 정기 모임을 갖고 선교부의 선교사역을 보고하여 지도를 받았다.

고문단은?

짜란박사(태국 복음주의 연맹 회장)

위치엔박사(태국교회 진흥원 원장/전 태국 기독교 총회 총무)

쏨디박사(태국 CCC 대표/전 태국 성경공회 총무)

쌈릿목사(전 태국 기독교 총회 부총회장)

티라박사(방콕 성서대학 교장)

분크렁목사(태국 남침례교 연맹 회장)

수라폰목사(방콕 왓따나교회 담임)

아누썬장로(태국 기독교 총회 제6노회 노회장)

쏨낏장로(태국 기독교 총회 제13노회 노회장)

쁘라차목사(전 태국침례교신학교 교장)

모리모또선교사(태국 어린이 전도협회 이사장)

수난장로(제4교회 장로)

참난목사(치앙마이 다라 아카데미 교목)

아룬목사(태국 기독교 총회 총회장)

분씨목사(람빵 케랑판타낏 교회 담임)

깐짜나의사(태국 보건성)

이는 한국의 GMS가 하지 못하는 일을 현지교회 지도자들을 통하여 지도를 받음으로 현지교회가 원하는 진정한 선교 사역을 전개하게 되었고 이들 수준에 맞는 지도이기에 자연 태국교회에 유익하고 수준 높은 선교 사역을 감당할 수 있게 되었다.

이 분들 덕에 나는 누구보다 앞서가는 선교, 수준 있는 선교, 태국교회에 필요한 선교 사역을 감당 할 수 있었다. 따라서 다른 선교사가 말하는 것과 다른 선교 이야기를 한다. 또한 젊은 선교사들은 나의 말이 무슨 말인지 감을 잡지 못하다가 몇 년, 몇 십 년 후에야 "그 말이 그 말이었구나" 하기도 하고, 깨달을 때가 되었는데 그 말을 기억하지 못하는 사람들을 보았다.

선교사의 수업에 따라 그의 선교가 달라진다는 사실을 알아야 한다. 그런데 한국 선교사는 선교지에 도착한 후 언어를 배우는 것 외에 특별한 선교사 교육이 없다. 자기 수준의 선교사에게서 어깨너머로 들은 선교가 전부여서 선교 사역에 발전은 없다.

또한 현지인 사역자들을 통하여 배운 것도 진정하지 못한 것은 그 사람의 목적이 이 새로 온 선교사의 선교비 때문에 접근한 사람들이기에 신임 선교사의 선교사 훈련과 현지 적응에 별 도움이 되지 못하게 되어 있다.

선교지에 신실한 사람도 많으나 신실하지 못한 사람은 더 많아서 피 선교지인 것이다.

나는 행복하게도 신실한 현지인 동역자인 완타니박사를 하나님께서 나에게 붙여 주셨기에 중, 후반부 태국선교 사역이 바울의 사역과 비슷한 상황에 처하게 된 것을 감사하게 생각하며, 이로 인하여 고문단 시대와 함께 잊지 못할 선교 사역을 감당해 오고 있는 것이다.

완타니박사는 IMF 시절부터 매월 소정의 선교비를 내 은행 통장에 입금해 줄 뿐 아니라 특별한 경우에도 특별히 재정을 이 은행 통장을 통하여 지원해 주어서 태국 사역에 큰 도움이 되고 있다.

또한 태국인이나 한국인을 막론하고 혹시 정선교사에게 어떤 해를 끼치지 않는가? 염려하며 가까이에서 보호자의 역할을 해주고 있으며, 매해 내 생일을 기해 주변의 사람들까지 동원하여 50-60명여 모여 환갑잔치를 하는 것 같은 축하 모임을 개최해 오고 있다.

　내가 완타니박사를 나의 동역자로 삼을 수 있는 능력은 없다. 그러나 하나님은 나의 이런 약점을 아시고 그를 나에게 붙여 주셔서 태국 선교의 어려움과 외로움을 달래주고 계시는 것이다.

　나의 경험으로는 이런 축복이 나에게만 있는 특별한 복이 아니라 신실하게 선교 사역을 감당하다 보면 하나님께서 나의 선교사역에 유익 할 사람을 붙여주신다고 믿는다.

5. 태국교회 지도자들의 강의 청취를 통해

방콕 목회대학원은 태국 목회자들의 목회 실제에 대한 훈련장이었으나 동시에 나의 태국선교 훈련장이 되었다.

태국교회 지도자들과 선교사들의 강의는 태국인을 알게 하고 태국교회를 알게 하는 좋은 기회가 되었다. 여기에서 태국교회의 장점과 단점을 발견함으로 태국 목회자 교육과 훈련에 큰 밑거름이 되었다.

이렇게 현지 목회자들을 알게 되니 나의 강의나 설교 그리고 지도는 힘 있게 전파됨으로 목회자의 병을 고쳐주는 역할을 감당하게 되었다.

1. 나의 선교사 선교 현지 훈련 15년

방콕 목회대학원의 강의는 월1회 5일씩 그리고 하루에 새벽 기도회부터 저녁 집회까지 16시간씩 진행 되었다. 저녁과 새벽에는 주로 내가 담당하였지만 낮 시간에는 90분짜리 4 강좌를 현지 교회 지도자들이나 시니어 선교사들을 통하여 강의와 고된 훈련을 하였다. 그 때 나도 그 자리에 앉아서 그들의 전 강의를 들었다. 이때 나는 자연스럽게 태국인을 속 깊이 아는 기회가 되었다.

이 훈련이야 말로 어떤 선교사도 받아 보지 못한 아주 귀한 선교사 훈련이기에 나로 하여금 다른 선교사와 좀 다른 선교사가 되도록 하였다. 거기에 선교의 수준까지 더해졌다.

2. 태국목회자 한국교회 목회훈련 1개월

나는 여기에서 4-5년씩 공부한 태국 목회자들을 데리고 한국교회에 가서 1개월씩 한국교회 목사님들과 함께 목회 훈련을 시켰다. 여기에서 다시 태국 목회자들을 알고 내가 할 일을 발견하였다. 태국인들과 생활하며 일하다 보니 나도 모르게 지금은 태국교회의 어떤 모습이 나에게도 있어 한국교회의 부담스러운 점을 발견하기도 한다. 한국교회의 문제가 역으로 보인다는 말이다. 따라서 한국교회 자랑은 좀 삼가는 형편이 되었다.

한국교회도 이제 성경에서 상당히 멀어지고 있는 느낌을 준다.

이에 앞서 한국교회의 교인들이 늘어나지 않는다는 소리가 들렸다. 이제는 교인들이 교회를 떠난다는 소리가 나온다. 목회자들의 모습도 옛날과 다르다. 삯군 목자 쪽으로 기울고 있는 느낌을 받는다. 목회자들이 하나님보다는 돈을 좋아하고 사람의 인기를 좋아하는 것 같다.

자연 한국교회의 세계 선교도 달라지고 있다. 이와 함께 선교사들도 달라지고 있다. 좋은 방향이 아니라 나쁜 방향으로 달라지고 있다. 원래 선교사들은 별 히안한 사람들로 통한다. 그렇다 치더라도 선교는 선교로 풀어야지 다른 것으로 선교를 대신하는 상황이 되어서는 안된다.

6. 산족교회 사역자훈련원 운영을 통해

1. 북태 치앙라이 산족 선교 시작

태국선교를 시작한지 10년이 채 되지 않았는데 산족 출신 신학생을 지원한 인연으로 신학을 졸업하고도 갈 곳이 없는 수찻이 1984년 나를 찾아와 북태 치앙라이 지역의 자기 부족(라후족) 선교에 끌어 들였다, 그 후 아카족에게로 선교를 넓혔다

전에도 한국 선교사가 방콕 근교와 치앙라이에서 간간이 산족 선교에 손을 대기는 하였으나 산족 선교를 전문적으로 시작한 것은 나로부터 시작된다고 하겠다.

산족선교를 하다 보니 그들의 신학교육이 너무나 빈약하여 이들을 교육하고 훈련하는 기관이 필요하여 세운 것이 산족교회 사역자훈련원이다. 처음에 치앙라이 제1교회(분쏭목사) 교육관을 활용하였다.

2. 산족교회사역자훈련원 개원

산족 선교 및 훈련원을 운영하면서 태국인이 아닌 소수민족을 경험하게되었다. 나는 산족 선교는 하고 있으나 내 탤런트가 아닌 것 같았다. 당시 산족들은 복음보다 물질이 더 필요로 하는 상황에 처해 있었다. 나는 사회사업분야에는 맞지 않는 것 같았다. 그러나 마침 김학영선교사가 이에 대하여 관심이 있어서 산족선교를 김학영선교사에게 맡기고 나는 2선에서 간접 지

원하게 되었다.

그리고 2004년 치앙라이 장로교신학교가 설립 되면서 산족교회사역자훈련원도 치앙라이 신학교에 예속되었다. 따라서 김학영선교사가 산족 선교(라후, 아카족-25개처)와 치앙라이 신학교를 맡아 관리하게 하였다. 산족교회들은 주로 치앙라이의 매쑤웨이면과 매화루엉면에 산재해 있으며 현재 25개처를 육성 중에 있다.

7. 라오스 선교와 선교사 파송을 통해

라오스 선교가 묶여 있을 때 우돈 지방의 쏨낏장로, 닛따야목사를 통하여 태국 땅에 있는 라오스 난민촌을 따라 다니다가 라오스 선교(1983년)에 손을 대기 시작하였다. 이 사역도 한국 선교사로서는 처음 손대는 사역이었다.

1. 라오스 난민촌 선교

1988년 라오스 난민촌을 방문 하다가 그곳의 교회를 돌아보며 예배를 드리다가 목회자 훈련을 해 주어야 되겠다고 생각하고 "라오스 사역자 훈련원"이란 이름으로 난민촌 내의 교회당에서 교육과 훈련을 시작하였다.

2. 우돈 타뚬 라오스 목회자훈련원

그 후 난민촌이 사라지게 되면서 1989년부터 우돈에 라오스 목회자들을 불러와 교육을 시키기도 하면서 라오스 복음주의 교회(비타오목사-몽족)와 선교 협약을 맺고 목회자 생활비를 지원하여 30여 라오스교회 재건 사역을 지원하였다.

3. 라오스 선교사 파송

이 일은 더 진전이 있어서 최초의 한국인 선교사를 파송(1992년)하는데까지 나아가 오늘에 이르고 있다. 우돈의 닛따야목사를 라오스에 선교사로 파송(1993년)하여 간헐적으로 사역하게 하였다.

이로써 라오스 선교 경험을 쌓게 되었다.

8. 치앙라이 장로교 신학교 설립
석사과정 운영을 통해

태국에는 각종 신학교육 기관이 난립해 있다.

몇 개월짜리 훈련원으로부터 2, 3년짜리 훈련원과 학사과정의 신학교가 그것이다.

태국의 목회자는 학사로 목사가 될 수 있기에 한국교회의 형편과 다르다. 그 만큼 목회자의 지도력은 없다. 따라서 평신도 운동이 잘 되어 있다. 따라서 목사는 변두리 인이 되어 있는 모양새다.

한국교회의 전통에 익숙한 한인 선교사는 이에 부족함을 느낀다.

그리하여 나름대로 신학교를 세운다. 그러나 수준은 현지인보다 나을게 없는 상황에 처하기에 쓸모없는 일을 한 것이 된다.

이런 열악한 상황을 보고 나는 신학교를 세우지 않고 방콕목회대학원을 설립하여 신학교를 나온 목회자들에게 수준 있는 목회 전문 훈련을 시키기 위하여 1985년 "방콕목회대학원"을 설립하여 15년간 운영하였다. 이는 열악한 신학교육을 돕기 위한 차선 책 신학교육이었다. 이 과정은 태국의 신학교들에게 인기가 있어서 대부분의 신학교가 이 과정을 개설하는 이변을 낳기도 했다. 그러나 그들이 생각하는 것은 우리와 전혀 다른 과정을 운영하였다.

우리에게 신학교를 세울 준비는 되어 있지 않으나 신학교를 세우지 않으면 안되는 상황에 이르렀다는 생각이 들어 2003년에 치앙라이 시내에 신학교 설립을 구상하였다.

사실 신학 교육기관은 전국을 카버 할 수 있는 중간 지역 그리고 대 도시에 설립해야 한다. 그러나 그만한 능력은 없고 치앙라이에는 우리가 이미 구입해 놓은 땅이 있고 산족 교회들도 그 지역에 있기에 신학교를 세울 지역이 아니지만 신학교를 설립하기로 하고 2003년부터 공사를 시작하여 1년만에 본관 건물을 건축하고 2004년 8월2일부터 개강하였다.

1. 치앙라이 장로교신학교 개강

나는 이때 4-5년간 치앙라이에 신학교 내에 살면서 제1기생을 전 장학생으로 받아 열심을 다해 교육과 목회 훈련을 시켰다.

산족 중에서 수준이 안되는 학생들도 왔는데 공부를 할 수 없던지 우리와 의논하지도 않고 야반도주하여 치앙마이 자기 고향으로 돌아가서 그곳에서 단기 신학교 과정을 졸업하고 목회를 한다는 소식을 들었다.

당시 나는 열심을 가지고 5시30분 새벽 기도회부터 낮 시간 90분 강좌 4개 그리고 저녁 특별활동과 공부를 9시까지 하게 하였다. 강사는 나를 비롯하여 태국인, 한국인, 한국에서 초청받아온 교수들에 의하여 수준 있게 진행되었다.

2. 치앙라이 교회를 통한 목회 실습 훈련

치앙라이 장로교신학교에 치앙라이 교회를 세워 주일에는 신학생들에 대한 목회 실습을 진행하였다. 나는 담임목사로 사역하였다.

주일 오전에는 새벽 기도회부터 찬송공부, 성경공부를 책임지고 신학생들에게 사회를 맡겨 진행한 다음에는 모든 학생이 참여하는 그 사회에 대한 비판과 격려의 시간을 가졌다. 이는 피차 배우게 하려는 조치였다. 실습 후에는 평가의 시간을 갖고 칭찬도 하고 비판도 하도록 하여 이들이 상황을 바르게 볼 수 있는 능력을 배양해 주었다.

주일 오후 시간에는 찬양 예배를 드리고 각급 주일학교를 운영하는 실습을 한다.

찬양 예배에는 설교를 제외한 모든 예배 순서를 분담하여 진행한다.

주일학교는 한 학생은 선생이 되고 다른 학생들은 학생이 된다.

주일학교는 어린이 주일학교, 청소년 주일학교, 장년 주일학교 등으로 나누어 진행한다.

오후 시간이 끝나면 이를 비판하고 격려하는 시간을 갖는다.

수요일에는 저녁에 수요 기도회로 모인다.

설교는 내가 하지만 각 기도 제목에 따라 합심기도를 하고 그 제목에 대하여 한 사람이 막음 기도를 하는 식으로 찬송과 함께 진행한다.

토요일에는 노방전도를 나간다.

이런 목회 훈련이야 말로 태국에서는 찾아 볼 수 없는 진정한 목회 실습이 되어 수준 있는 목회자의 자질을 갖추게 되었다는 것을 기존 목회자들이 인정해 주었다.

이 과정을 마친 학생 중에 태국 기독교 총회 소속 학생은 이 학교를 졸업하고 다음 해에 즉시 강도사 고시에 합격하는 쾌거를 이룩해 주었다.

어떤 학생은 찬송 지도를 나에게 받아 기존 목회자의 찬송지도자 보다 수준 있는 모습을 보여 주기도 했다.

이들을 졸업시킨 후 나는 안식년을 취했다.

안식년 기간 중에 정상적인 신학교 운영자가 없어서 강의 방식을 한 과목을 한 주간(월-금, 30시간)에 마치는 강의 방법을 채택하여 강사 활용을 편이하게 하여 오늘에 이르고 있다.

치앙라이 장로교신학교는 목회학석사 과정에서 태국교회의 약점인 **조직신학, 성경주해, 목회학, 찬송학**을 중점적으로 강의하고, **목회 훈련을 강화**하여 태국의 다른 신학교와 차별화를 이룩하였다.

필자는 한국에서 노회 고등성경학교 교무 일을 한 일이 있고 지방 신학교 교수요원으로 활동하였기에 신학교 운영과 관리는 어렵지 않았다. 이 일을 하면서 태국화를 향해 한 발자욱 더 전진하게 되었다.

9. 위클립 대학교 박사과정 운영을 통해

나는 태국 선교사 사역을 마쳐 갈 때가 가까워지면서 나의 태국 선교를 이만큼 감당 할 수 있도록 도와 준 태국인들에게 어떻게 감사를 표해야 할까? 를 생각하다가 미국의 신학교를 태국에 유치하여 목회학 박사과정을 하게 하고 신학교 교수 요원들을 육성해 주어야 하겠다는 생각을 하고 있던 차에 위클립 대학교를 만나 협의하여 태국 분교를 2007년에 유치하게 되었다.

이 과정에 참여한 목회자는 미국 대학교를 보고 오기 보다는 나의 사역을 보고 믿고 50여명 이상이 목회학 박사과정에 등록하고 연구하여 목회학 박사가 되었다. 그리고 그들은 활동 범위를 높여 각 신학교에서 교수 사역을 감당하고 있다.

아직도 4인의 학생이 공부 중인데 2020년에는 졸업하게 된다.

나는 이들에게 박사 과정을 운영할 때 미국 본교와 협의하여 이들에게 부족한 과목을 강의하고 연구하게 하기로 하고 그 분야의 강사들을 한국인과 태국인 박사 소지자들과 박사를 소지한 선교사들을 청하여 월 1회 5일간 30시간을 강의하였고 학점은 강의를 중심하여 더 연구하고 개정하여 자기 책으로 제본하여 학교에 제출 함으로 A, B 학점을 주게 되었고 그 이하는 학점 (C부터)으로 인정하지 않았다.

한,태 교회 성장 세미나를 통하여 알게 된 완타니권사도 이 과정을 공

부하여 "기독교교육학 박사"가 되어 방콕 싸막키탐교회에서 세운 목회
자 양성원의 원장으로 사역하면서 위클립 강의 시 모든 식사를 제공해
주고 강의가 있는 전 주간에는 청소원을 보내 분교 청소를 해주고 있으
며, 년 1회 위클립 태국 동문회 리트릿을 개최하고 모든 것을 다 책임지
고 있어서 태국의 위클립 동문회가 활성화되고 있어서 얼마나 감사한
지 모른다. 그는 우리를 형제로 알고 가까이 하며 나의 선교 사역의 제반
을 지원(IMF시절부터 선교비 지원 시작)해 주고 있는데 바울에게 있었
던 충실한 후원자나 다름 없어서 태국에서의 나의 보호자가 되고 있다.
우리가 한국이나 미국을 방문할 때 그리고 돌아올 때 방콕 공항 환송과 영접
을 매번 담당해 주고 있어서 아주 편리한 선교사 생활을 하고 있다.

　앞으로 이 위클립 동문들이 태국교회의 개혁의 선봉자들이 되기를 기대
하고 있다.
　나는 이 사역을 통하여 교수의 모양을 갖추게 되었고 나의 개발과 발전을
가져 왔는데 특히 박사 논문지도의 달인이 되었다는 것이다. 사역을 열심히
해야 선교사가 발전한다.

제4장

선교사의
소명과
정체성

선교사에게 하나님의 소명과 한국인 선교사의 정체성 및 신앙과 신학의 정체성은 선교적 사역에 지대한 영향력을 끼치게 되어 있다. 그리고 이 두 가지는 선교사역에서 항상 함께 가도록 해야 한다.

하나님의 소명은 하나님 일꾼의 자격이고 한국인의 정체성은 내가 한국 인이기에 이 사역을 감당 할 수 있는 것이다. 나아가 앞으로 언급 할 선교지 화는 나에게 있는 것을 어떻게 그들에게 전 할 것인가를 결정하는 것이기에 3가지를 균형 있게 견지하면서 우리의 선교가 전개되는 것이다.

1. 선교사의 소명은 선교사의 자격

모든 선교 사역은 하나님의 소명에서 출발한다.

하나님의 부르심이 없이 자발적으로 선교사가 되는 것 같이 위험한 일은 없다. 그러나 선교지에서 하나님의 소명 없이 선교사가 되고 선교지에 온 사람이 있는 것으로 보인다.

이는 그 선교사의 삶이나 사역에서 자연스럽게 나타난다. 그러나 한국교 회의 재정적 지원은 그로 하여금 그의 선교사역을 이어가게 한다. 자기도 모르고 후원교회도 모르는 사이에 선교사역은 자연스럽게 진행 되는 것 같 게 한다. 그가 그의 선교사역을 마치고 돌아간 후에야 그의 선교사역이 진 정한 것이 아니었다는 사실이 나타난다.

2. 선교사의 정체성은 선교의 본전

선교 사역에 있어서 선교사의 정체성 또한 중요한 요소이다.

선교사는 자신의 모든 것을 포기한 사람, 모든 것을 버린 사람이다. 그러나 분명히 본래의 자기 자신이 보존되어 있어야 선교사의 사역을 바르게 감당하게 된다. 이 중에서도 한국인이라는 것과 한국교회의 바른 신앙과 신학의 사람이어야 한다는 말이다. 선교지 현지화는 되어야 하나 한국적인 것을 상실하면 본전을 상실 한 사람이 되어 선교 사역을 감당 할 수 없는 무익한 사람이 된다. 이는 예수께서 사람이 되셨으나 그의 신성을 상실하지 않음과 같다 하겠다.

3. 선교사의 현지화는 선교 방법

선교지에서 제대로 사역이 전개 되려면 선교사가 선교 현지화 그리고 현지인과 동화가 되는데 있는데 그렇기에 선교 현지화는 선교사에게 최선의 선교 방법이 된다. 따라서 선교 현지화를 이루지 못하면 일을 할 수 없어서 선교비의 고갈보다 더한 극심함에 처하게 될 것이다.

1. 선교사의 소명

선교사의 소명은 선교사의 생명이다.

선교사에 대한 하나님의 소명이 확실한 사람은 선교 사역을 감당하는 중에 어떤 어려움과 고통과 길이 전혀 보이지 않는 캄캄한 절망 가운데에서도 낙심하지 않고 꾸준하게 자기의 길을 갈 수 있게 하는 힘을 소유한 사람이 되기 때문이다.

예레미야는 다음과 같은 소명(1:4-5)을 받았고

"여호와의 말씀이 내게 임하니라 이르시되 내가 너를 복중에 짓기 전에 너를 알았고 네가 태에서 나오기 전에 너를 구별하였고 너를 열방의 선지자로 세웠노라"

바울은 다음과 같은 소명(행 9:15-16)을 받았다.

"주께서 가라사대 가라 이 사람은 내 이름을 이방인과 임금들과 이스라엘 자손들 앞에 전하기 위하여 택한 나의 그릇이라 그가 내 이름을 위하여 해를 얼마나 받아야 할 것을 내가 그에게 보이리라"

이들의 삶과 사역을 보면 하나님의 소명이 선교사에게 그리고 선교사의 사역에 얼마나 귀한 것인가를 단적으로 보여 주고 있으며, 오늘날 선교지에서 사역하는 선교사들도 실감하게 한다.

정승회선교사의 선교사 소명

필자는 4대째 예수를 믿는 집안에서 태어났으며 모친의 한나와 같은 상황과 믿음에서 태중에서부터 하나님께 바쳐진 아들로 태어났다. 철이 들어가면서 모친의 믿음이 나의 믿음이 되어 성장해 왔다. 그러나 대학의 문 앞에서 방향을 180도 전환하여 하나님의 종의 길과는 반대반향으로 향하다가 하나님의 특별한 조치로 바로 신학교로 직행하게 되었고 소시적부터 주일학교 교사, 교회 찬양 대원 및 지휘자, 신학교를 마친 후에는 노회의 인정으로 노회 고등성경학교 교무, 노회 주일학교 연합회장, 군종 장교, 중, 소도시 교회 담임목회자, 지방 신학교 교수요원 등으로 활동하던 중 익산 북일교회 위임목사 시절 왕십리교회의 태국 선교사 모집 광고에 잡혀 "나를 선교사로 부르시는가?" 라는 의심에서 출발하여 선교사로 부르심을 확신하고 왕십리교회 선교사 후보가 된 후 1978년 제63회 예장 총회의 선교사 인준을 받고 태국선교사가 되었다.

그런데 선교지에 파송 받아 사역하는 동안 하나님께서 나로 하여금 선교사로 보내시기 위하여 아주 오래 전부터 선교사의 준비를 시켜 주신 사실을 느끼면서 감사한 마음으로 어떤 어려운 상황에 처해도 낙심하지 않고 40년을 한결같이 선교지에서 견뎌온 것을 하나님의 은혜로 알고 감사하면서도 하나님께 제대로 응답하지 못한 것이 아닌가? 하는 죄송한 마음을 가지고 선교를 마무리하는 중이다.

1.거짓 선교사 소명

오늘날 많은 선교사들이 한국교회를 통해 전 세계에 선교사로 파송을 받아 선교지에 나갔다. 그러나 선교사들 중에는 이상한 선교사도 있다. 모름지기 선교사는 자기 스스로 선교지에 오는 것이 아니라 그를 파송한 하나님, 교회, 노회, 총회가 있게 마련이다. 파송 단체가 없이 하나님의 부름 받은 선교사도 있을 수 있을 것이다. 그러나 하나님의 파송을 받지 못한 사람은 자신의 안위나 자녀 교육 등의 인간적인 이해관계 속에서 선교지로 오는 사람들이 간혹 있음을 본다.

먼저 부교역자 보다는 선교사가 나아서 선교사가 된 사람이다.

a. 봉급은 부교역자나 선교사가 비슷하고

b. 선교사는 당회장 눈치를 볼 필요 없이 자유롭게 일하며 살 수 있다는데 있고

c. 어느 때는 부교역자 보다 많은 돈을 받을 수 있는 장점도 있다는 소명(?)을 가지고 선교사가 된 것이다.

d. 그리고 자녀 교육을 외국에서 영어로 받으며 한국의 교육 전쟁을 피 할 수 있다는 생각에서 선교사가 되기도 한다.

이는 하나님께서 불러서 선교사로 나가지 않고 자기 스스로 선교사로 나간 사람들이다. 이는 가롯 유다의 가는 길과 같다.

이런 선교사는 선교지의 선교적 가라지가 되어 선배나 동료 선교사들에게 큰 피해를 주는 일을 하게 된다. 선교 사역도 선교 같지 않은 일을 한다. 그러나 한국교회에는 일 잘하는 선교사로 나타나기도 한다.

다음으로 자녀 교육 때문에 선교사가 된 사람이다.

통상 한국에서의 자녀 교육에 어려움이 많다. 선교지의 자녀 교육은 천차만별이지만 한국보다 수월하다고 본다. 그리고 선교지에서는 통상 영어로

공부할 수 있는 기회가 많다.

현지어로 공부할 수 없는 상황도 있으나 선교지 자체가 영어를 사용하는 국가이던지 아니면 현지에 있는 인터네셔날 스쿨에서 공부를 하고 한국의 특례입학으로 대학을 가던지 아니면 영어권 국가로 대학에 갈 수 있기 때문이다.

태국의 북부지역에는 태국 주변의 국가에서 사역하고 있는 선교사 자녀들이 상당수 들어와 공부를 하고 있으며 치앙마이를 선교지로 택한 선교사들 중에도 자녀 교육을 염두에 두고 선교지를 선택한 사람들이 있다고 한다.

사실 치앙마이는 한국의 평양과 같은 선교사들의 본거지 이다.

따라서 비 복음화 지역을 생각한다면 치앙마이를 가지 않아야 한다. 그러나 여러 가지 면에서 치앙마이를 택하지만 산족이나 기숙사 사역 같은 것이 주 사역이 된다.. 이런 산족은 사실 태국인이 아니다. 그리고 그들과 사역한다고 하나 그들의 언어를 하지 못하는 사람이 대부분이라고 한다.

2. 선교사 소명 확인

선교사는 자신이 하나님으로부터 받은 선교사의 소명을 확신하는 것이 가장 중요하고 여러 가지가 이를 뒷받침하여 하나님의 소명을 확인할 수 있다.

(1) 교회(주변인)의 인정과 추천으로 하나님의 소명 확인

교회, 노회, 총회 또는 주변 친구들에게서 당신은 선교사로 가면 좋겠다는 말을 자주 듣는다면 이는 하나님이 나를 선교사로 부르시고 계시는 징조로 볼 수 있다.

(2) 소명에 대한 증거가 나의 삶 속에서 나타난다.

간혹 하나님의 소명이 있으나 이를 깨닫지 못하는 사람도 있다. 그저 전도하는 일과 교회 일에 다른 사람과 달리 열심히 하는 모습을 보인다면 하나님의 종으로 부름 받은 징조가 될 수 있다.

(3) 인정받는 선교사의 자질(인격)과 능력(탤런트)을 가지고 있음을 보인다.

선교사로서의 하나님의 소명이 있는 사람은 그 소명에 응답 할 수 있는 인격과 자질과 능력이 주어져 있음을 보게 된다. 이런 사람은 하나님의 소명이 사실인지 살펴 보는 일이 필요하다.

나에게는 선교사에게 필요한 어떤 탤런트가 있는지 살펴보는 것은 그 중요한 선교사 소명이 있고 없음을 판단하는 중요한 시금석이 된다.

(4) 자신의 선교 사역에 대한 기쁨에서 소명을 확인

하나님의 소명이 있는 사람은 선교 사역에 큰 기쁨을 가지고 있다. 선교 사역을 하면서도 선교 사역을 감당하는 중 일지라도 돈에 대한 관심, 권력에 대한 관심 등 세상적인 관심이 너무 많은 사람은 사실 하나님의 소명이 없는 경우가 있다. 선교사의 기쁨은 그 선교 사역 자체에 있는 것이지 재정적인 풍요로움이나 어떤 명예에 있지 않기 때문이다. 선교 사역이 어렵고 고통스러운 지경에도 즐거움이 있는 것은 하나님의 부르심을 따라 사역하고 있기 때문이다.

(5) 사역을 통한 자신의 능력 개발 효과를 보면서

하나님의 부르심을 받아 선교 사역을 감당하다 보면 이 사역을 통하여 자신이 부단히 개발되고 능력이 향상되는 체험을 하게 된다. 이 때문에 주님의 일에 기쁨과 자부심을 가지고 더욱 열심을 내고 희생적으로 사역에 임하여 더욱 성과를 내게 되는 것이다.

(6) 사역의 결과를 보고 하나님의 소명을 더욱 확인

하나님의 소명이 있는 사람은 하나님이 맡겨주신 선교 사역에 좋은 결과가 나타낸다. 내가 하나님의 말씀을 따라 열심히 선교 사역을 감당하고 있는데도 결과를 얻지 못하다는 것은 하나님께서 부르지 않은 선교사 일 수도 있고, 하나님의 말씀을 따르지 않는 사역을 할 경우도 있고, 아예 선교 사역을 제대로 감당하지 않는 경우도 있을 수 있어서 좋은 결과를 얻지 못 할 수 있다.

위에 제시된 선교사 소명을 확인하는 것들과 반대되는 요소가 더 많다거나 나의 선교사역에 무슨 결과가 나타나지 않는다면 나의 선교사의 소명이 진정한 것이 아닌 것을 짐작할 수 있겠다.

이런 상황에서 선교사의 소명을 확인하는 기회를 갖던지, 아니면 선교사를 포기하고 다른 길을 가야 할 것이다.

그러나 자유주의 신앙을 소유한 사람들에는 선교 아닌 것이 없기에 선교사들에게 많은 혼란을 주고 있기도 하다.

2. 선교사의 준비

선교사의 준비는 자신이 선교사로 부름 받은 것을 확인하는 즉시 선교사의 준비를 시작해야 한다. 그러나 하나님은 이미 나의 선교사 준비를 해 주고 계셨다는 사실을 알아야 한다. 또한 자신도 선교사의 소명에 대하여 인식하지 못하고 있을 때에 선교사와 관계 되어 있는 어떤 준비를 나도 모르게 준비해왔던 것을 느끼게 된다.

따라서 선교사 준비는 보이는 부분과 보이지 않는 부분이 있고 영적인 준비와 육적인 준비가 필요하다 하겠다.

1. 선교사의 영적 준비

1.1 확실한 하나님의 소명 확인

하나님의 소명은 선교사에게 가장 중요한 자격증이다.

따라서 이 선교사 소명이 확인되기 전에는 선교사로 떠나면 않된다. 이런 사람이 선교사로 출발하면 자신뿐만 아니라 파송 단체와 선교 현지를 버려 놓게 된다.

오늘날 이런 하나님의 소명을 받지 못하고 자진하여 출발하는 사람들도 간혹 있어 보인다.

이 일에서 자신 뿐 아니라 교회가 깊이 생각하고 선교사 소명이 확실한 선교사를 선발하여 파송하면 그의 선교는 성공적으로 마치는 데까지 갈 것이다.

1.2 성경적인 신앙 소유

선교사는 선교지에 지대한 영향을 끼치는 사람이기에 선교사가 성경적이고 모범적인 좋은 신앙을 소유하지 못하게 되면 선교지의 신앙을 다 버려 놓게 되기에 깊은 신앙의 사람이 되는 일에 최선을 다한 후에 선교사로 출발하여야 한다.

그리고 선교 현지에서도 이런 신앙을 고수하기 위하여 계속 노력 할 일이다.

1.3 신학교 교수 수준의 성경 지식 소유

선교지는 무엇보다 가르치는 일이 중요하다 하겠다. 자신이 가지고 있는 성경 지식을 신학교 교수를 할 수 있는 수준으로 준비하고 있어야 어느 때든지 가르치는 일에 효과를 나타낼 수 있는 것이다. 가르치기는 해야 하는데, 신학교 교수 요원으로 활동해야 하는데 이를 즉시 감당 할 수 없다면 무익한 선교사가 될 수 있다.

2. 선교사의 육적 준비

2.1 교회나 교단(선교단체)의 파송

선교사의 자격증의 두 번째는 자기를 선교사로 파송해 주는 기관이 있어야 한다. 선교사는 원래 파송을 받은 자 이기에 누가 보내 주지 않으면 않된다. 그래서 하나님이 소명으로 선교사로 선발하고, 교회가 선교비를 지원하여 선교지로 파송하는 것이다.

내가 돈이 있어서, 내가 선교 열정이 있어서 나가면 되는 것이 아니고 한국교회와의 관계 속에서 선교사로 나가는 것이 정상이란 말이다.

현금 선교지에는 누가 보내주지 않는데 자기가 선교사로 온 사람들이 간혹 있어서 선교지의 가라지가 되고 있는 것을 본다.

2.2 건강관리

몸이 건강하지 못하면 선교사로 나가는 것을 주저하는 것이 좋다. 원래 하나님께서 건강을 주신 사람도 있고, 원래 연약한 체질을 가지고 있는 사람도 있다. 하나님이 택한 선교사는 약체일지라도 쓰러지지 않게 해 주시는 하나님의 능력을 입을 수도 있다.

그러나 선교사는 건강해야 다른 사람들에게 누를 끼치지 않고 마음껏 선교사역을 감당할 수 있게 된다. 그래서 건강한 사람이 일을 잘하게 된다.

2.3 선교사역에 필요한 텔런트

선교사는 많은 능력이 있는 엘리트여야 맡겨진 선교 사역을 제대로 감당할 수 있다. 가진 것이 없는데 맨 주먹으로 선교사역을 하겠다고 할 때 감당하기 어려운 문제에 부딪치게 된다.

나에게 선교를 위한 어떤 텔런트가 있는지를 먼저 살펴보고 선교지로 떠나면 선교지에서 즉시 활용되는 사람이 될 것이다.

2.4 교회 실무 경험

선교사역의 기본은 교회 개척과 육성에 관계된 일이다.

따라서 선교사는 교회의 사역에 대하여 잘 이해하고 보고 실천해 본 경험이 많을수록 선교지에서 유용하게 사용 될 인물이다.

평신도로서의 교회 사역 경험으로는 어린이 주일학교나 중, 고등부, 장년부 주일학교 교사나 목회 경험, 찬양대원이나 지휘, 반주 경험 등이 있겠다.

목회자로서의 경험은 예배와 각종 집회 기도회 인도 경험에 성례식(세례식,성찬식,세례문답) 집례 경험들을 요한다.

목사 선교사들 중에도 선교사로 나오기 전까지 세례식 문답 한번 해보지 못한 사람도 많고, 세례식이나 성찬식 집례를 한 번도 해보지 못한 사람들이 있다. 이런 사람들은 선교지에 와서 우리의 신앙과 다른 이상한 짓을 하고 있다. 한국에서 이런 경험이 없었다면 선교 현지에서 선배 선교사들을 통하여 이를 경험하고 바른 목회를 가르치는 것이 선교사의 할 일이나 본전이 부족하니 무조건 현지교회를 추종하는 선교사의 모습을 보이곤 한다.

2.5 성경적인 사역의 열정

일군은 항상 열정적이어야 한다. 일을 맡으면 끝장 낼 때까지 낙심하지 말고 완성시키는 선교사로 나타나야 한다.

그러나 어떤 선교사는 내 일이 아니라는 그릇된 생각으로 일을 하는 건지 노는 건지 도무지 알지 못하게 일을 하는 사람들이 있다.

이런 사람은 자세를 고치든지 선교지로 나오지 않는 것이 다른 선교사들에게 부담을 주지 않아서 좋다. 다른 사람들이 볼 때 선교사 소명이 없는 사람이라고 하겠기 때문이다.

2.6 정직, 신실, 근면한 인격자

선교사는 최고의 인격자로 나타나야 한다. 여기에 정직과 신실함과 근면

함이 있으며 지도자 적인 모습을 유지하고 있다면 현지인들이 무시하지 않고 존경하며 따르기도 하고 즐겁게 동역하는 역사가 있게 될 것이다.

2.7 현지인에게 적합한 친화력

"주는 것 없이 보기 싫은 사람"이라는 말이 있다. 현지인들과 만났을 때 좋은 인상을 심어 주는 것은 선교사의 큰 자산이라 하겠다. 사실 이런 사람은 타고 나는 것 같다.

그러나 적어도 혐오스런 사람으로 나타나서는 안되기에 나의 부족을 지도 받아 고쳐보는 노력도 필요하겠다.

우선 말하는 것이 혐오스러우면 좋지 않다. 각 나라는 말하는 방법이 있다 이를 먼저 이해하고 그 사람들의 말하는 방법대로 말을 한다면 어느 정도 카버가 되지 않을까? 한다.

예를 들어 태국의 경우 직설적인 말은 금하고 간접적으로 말을 해야 하며 어떤 모임에서 누가 말을 했는데 그 말에 반대되는 말을 하는 것은 예의가 없다고 본다.

3. 한국인 및 한국 크리스천의 정체성

내가 선교사가 되기 위해서는 선교지인이 되기 전에 먼저 한국인의 정체성과 한국교회 교인의 정체성이 확실해야 한다는 것이다. 한국인 선교사가 한국인, 한국교회의 정체성을 상실하면 선교사 일 수 없게 된다. 우리의 선교사역은 예수님의 성육신적인 인간화 즉 선교지 현지인 화를 성취 시켜야 하지만 예수께서 신성을 상실하지 않은 상태에서 인성을 가지고 지상의 사역을 감당하시는 것과 같이 선교 현지에 동화되는 것 때문에 한국인, 한국교회적인 정체성을 상실하면 선교지에 쓸모없는 사역자가 되게 되어 있다.

나를 태국 선교사로 들어 올 수 있도록 태국에서 힘써주신 태국대학생선교회의 쏨디 박사가 있었는데 그의 부인은 미국인이었다. 내가 쏨디박사의 집을 방문하였을 때 그의 사모를 만났는데 그는 태국 옷을 입고 있었다. 그 옷이 그에게는 너무도 어울리지 않는 것 같았다. 심지어 불쌍하기까지 보였다.

그런 그가 방콕 기독교국제학교의 초등학교 교장으로 있을 때 그의 사무실을 방문하여 그를 만나니 전에 보던 그가 아니고 완전히 달라진 미국인 이었다.

그때 느낀 점은 미국인은 미국인답게 살면서 일하는 모습이 가장 아름답다고 느꼈다.

한국인은 선교지 현지화를 확실하게 이룩하여야 하지만 한국인의 모습을 견지하는 모습에서 선교 사역에 임하여야 옳다는 생각을 갖는다.

　필자는 초창기에 태국인들이 즐겨 입는 옷을 무조건 따라 입은 때가 있었다. 그리고 태국교회 목회자들이 즐겨 입는 옷을 입고 예배를 인도해 보기도 하였다. 그러나 후에 이 모든 것은 다 버리고 내가 한국에서 입던 좀 더 수준 있게 보이는 신사복 정장을 입고 주님의 일을 하게 되었다. 모든 것을 태국인들처럼 따라야 한다는 것이 아니라 나의 나 됨을 지키면서 태국인이 되어서 태국인과 같이 일해야 한다고 느꼈기 때문이며, 이것이 태국인들을 대하는 한국인 선교사의 바른 자세라고 느꼈기 때문이다. 더 나아가 태국의 종교계는 모든 성직자들의 복장이 있는데 개신교만 성직자의 복장이 없어서 성직을 수행할 때에는 목사 카라를 활용하여 기독교 성직자임을 나타내고 있다.

4. 한국적 신앙의 유지

한국교회는 믿음 좋은 선교사들의 지도를 받아 초대교회의 성경적인 교회를 많이 닮은 교회 성장을 제반 면에서 진행해 오면서 세계교회의 이목을 집중하게 되었다.

따라서 한국인 선교사가 선교지에 도착하면 명성 있는 한국교회의 후광을 입고 상당한 대우를 받으면서 사역을 시작하고 진행하기에 지체 높은 집안의 자녀들처럼, 많이 가진 집안의 자손처럼 선교지에서 활기차게 선교 사역을 전개 할 수 있는 장점을 가지고 있다.

선교지 교회에 비해 여러 가지 좋은 신앙과 풍습을 가지고 있는 한국교회에 대하여 선교지에서 다시 한 번 자부심을 갖게 된다.

이런 한국교회를 선교지에서 내버리고 선교사역을 감당하는 것은 좋은 선교 방법이라고 말 할 수 없다. 이를 바울이 자신의 모든 것을 분포로 여기고 버린 것으로 대치해서도 않된다.

선교지 자체가 한국교회를 모범 삼아 배우려는 선교지 교회 지도자들과 교인들이 많은 상황에서 자연스럽게 이들을 이끌고 매년 한국교회를 방문하여 교회성장 세미나를 비롯하여 한국교회의 모습을 살펴보는 기회를 갖게 됨으로 선교사들이 이런 선교 현지 교회 지도자들과 동역하기에 훨씬 수월한 선교적 상황에 처해 있는 장점을 잘 활용하는 선교가 되도록 함이 좋다. 그렇다고 선교지 교회를 한국화 하자는 말도 아니다.

사실 어떤 교회는 선교지에 현지인 교회를 개척하고 교회 명칭을 한국의 모 교회 이름을 붙이도록 하는 방법은 진정한 선교를 망치는 일이라고 보고, 한국에서는 한국 모교회의 이름을 부쳐 부를지라도 선교지에서는 그 이름을 사용하도록 하지 않아야 할 일이다.

1. 한국교회의 성경적인 보수신앙

신앙은 자유주의가 아니고 보수적 신앙이어야 한다.

성경적인 신앙은 통상 보수적이고 자유적인 신앙은 인본주의, 이성주의를 배경으로 하고 성경에서 멀다. 여기에 선교가 있다.

통상 자유주의 신앙을 가지고 있는 교단은 선교를 하지 않게 되어 있다. 구원의 길이 예수에게만 있지 않고 다른 길에도 있다고 믿는 사람들이기 때문이다.

통상 한국교회는 세계교회 속에서 보수적인 신앙을 가진 교회로 통한다. 한국에 온 최초의 선교사들이 성경적인 보수신앙을 가졌기에 한국교회는 자연 성경적인 보수신앙을 가진 교회가 되었다.

이런 성경적인 한국교회의 신앙의 저변에는 성경을 깊이 연구하고 읽고 배우고 이에 따라 기도를 열심히 하고 전도를 열중 하면서 성경적인 예배 형태를 가지고 예배를 진지하게 드리고, 주일학교를 통하여 교인 교육과 훈련을 철저하게 하고, 신학교에서는 교회에서 선발된 하나님의 소명을 받은 사람들을 받아 수준 높은 교육과 훈련을 시켜서 교회의 지도자로 세워 일하게 하였기 때문이었다.

오늘의 한인 선교사들도 이런 성경적인 한국교회의 신앙으로 선교지 교회를 섬기고 사역하는 일에 최선을 다할 것이다.

그러나 한국적이라는 말은 성경적인 모습으로 성장하는 한국교회를 말하는 것이지 선교지의 문화가 다른데 또 하나의 문화 속에서 성장한 한국교회를 선교지에 심어야 된다는 말이 아니다. 초대교회를 닮아 성장한 한국교회를 모델로 삼아 선교지에서 실험해 보자는 것이다.

2. 한국교회의 초대교회적인 교회성장

한국교회는 세계 선교지 어디서도 찾아보기 드문 성경에 가까운 교회성장을 보이고 있는데, 이 교회성장은 목회자의 리더십으로 성공적인 교회성장을 이룩하였다.

특히 한국의 장로교회는 목회자의 수준을 석사 수준으로 양성하였기에 선교지 어느 나라보다 수준 있는 목회자가 있게 되었으며 교회의 행정을 이런 목회자 중심의 조직교회로 운영하여 성경적인 교회성장을 성취시켜왔다.

그러나 선교지 교회의 형편은 목회자의 수준이 평신도를 이끌 수 있는 리더십이 없는 지도자들이 대부분이어서 자연 목회의 전문가가 아닌 평신도가 교회의 리더십을 쥐고 있어서 교회 성장을 방해하게 되었던 것이다. 이렇게 목회자에 대한 신임도가 없기에 목회자로 모실 때 2-5년 정도의 기한을 두어 청빙하고 있기에 연속적인 교회 성장을 기대하지 못하게 되었다.

이에 반해 한국교회는 목회자를 평생 청하고 당회장 권을 주고 교회 행정을 주도적으로 감당하도록 하고 있어서 교회성장에 크게 도움을 주고 있다.

만약 선교지의 교회가 안정되어 있지 않은데 한국교회처럼 목회자를 청한다면 수준 없는 목회자 때문에 교회가 망하는 꼴을 당하게 될 것이다.

3. 초대교회적인 교회 상의 재현

한국교회는 교회 집회가 1주간에 11회 정도나 된다. 매일의 새벽기도회로부터 시작하여 주일 예배, 오후 찬양 예배, 수요 기도회, 금요일 철야 기도회를 기본으로 하여 많은 집회가 있는데 이는 초대교회가 매일 모인 것과 다를 바 없다

그리고 교회 성도들의 조직망인 구역 모임으로 교인의 친교와 전도와 단결을 다진다.

[37] 저희가 이 말을 듣고 마음에 찔려 베드로와 다른 사도들에게 물어 가로되 형제들아 우리가 어찌할꼬 하거늘 [38] 베드로가 가로되 너희가 회개하여 각각 예수 그리스도의 이름으로 세례를 받고 죄 사함을 얻으라 그리하면 성령을 선물로 받으리니 [39] 이 약속은 너희와 너희 자녀와 모든 먼데 사람 곧 주 우리 하나님이 얼마든지 부르시는 자들에게 하신 것이라 하고 [40] 또 여러 말로 확증하며 권하여 가로되 너희가 이 패역한 세대에서 구원을 받으라 하니 [41] 그 말을 받는 사람들은 세례를 받으매 이 날에 제자의 수가 삼천이나 더하더라 [42] 저희가 사도의 가르침을 받아 서로 교제하며 떡을 떼며 기도하기를 전혀 힘쓰니라 [43] 사람마다 두려워하는데 사도들로 인하여 기사와 표적이 많이 나타나니 [44] 믿는 사

람이 다 함께 있어 모든 물건을 서로 통용하고 [45] 또 재산과 소유
를 팔아 각 사람의 필요를 따라 나눠 주고 [46] 날마다 마음을 같
이 하여 성전에 모이기를 힘쓰고 집에서 떡을 떼며 기쁨과 순전
한 마음으로 음식을 먹고 [47] 하나님을 찬미하며 또 온 백성에게 칭
송을 받으니 주께서 구원 받는 사람을 날마다 더하게 하시니라
(행 2:37-47)

이러한 초대교회를 닮은 한국교회의 모습을 선교지 교회 개척과 성장에
적용해 봄으로 선교지 교회도 초대교회적인 교회의 성장이 있을 수 있도록
시도해 보는 것도 한국교회 출신 선교사들로써는 시도해 볼만한 일이라고
생각한다.

5. 한국적인 교회

한국교회는 최초에 복음을 한국 땅에 전해준 믿음 좋은 선교사들에 의하여 비교적 성경적인 교회로 기초를 놓고 성장해 왔기에 한국교회의 좋은 풍습이 초대교회의 풍습과 상당부분 일치하고 있어서 한국교회적인 풍습을 선교지에서 성경과 함께 바로 적용할 수 있는 장점을 가지고 있다.

1. 예배모범

한국교회의 예배는 교단과 교파를 가리지 않고 거의 비슷한 예배순서와 풍습을 가지고 있다. 이는 바로 한국 장로교회의 모범이 한국의 모든 교회의 예배모범으로 정착되었는데 이 배경에는 유교의 영향이 컸다. 유교의 질서와 예절의 영향이 한국인을 만들었으며 장로교회의 예배모범이 유교의 가르침과 상통하여 자연스럽게 장로교 적인 예배 모범을 오순절 교단도 이를 따르게 된 것이다. 이로 인하여 한국교회는 예배드리는 모습에서 교단과 교파를 떠나 동일한 모습을 보여주고 있어서 외국 교인들이 아주 이상하게 생각하고 있다. 이 때문에 찬송가도 모든 교단이 단일화 되었다.

한국교회의 질서 있는 예배는 하나님의 자녀들의 모습을 단적으로 보여주고 있다.

이런 한국교회 적인 예배는 좀 더 성경과 가까운 예배이기에 선교지에서도 그들보다 우위를 차지하는 예배로 비쳐지고 있다. 이를 통해 선교지의 예배를 사람이 아닌 하나님께 드릴 때 좀 더 수준 높은 예배로 승격시켜 신령과 진정으로 예배하는데 도움이 되도록 할 수 있겠다.

2. 새벽기도회

주님은 이 세상에서 일하실 때에 기도 많이 하시는 분으로 우리들에게 비쳐졌다. 이를 배운 한국교회는 조국의 위기를 당하여 자연스럽게 새벽기도회가 생겼고 한국교회의 특징으로 한국교회의 부흥을 일으켰으며, 전 세계 교회에 모범을 보여 주고 있다.

이 새벽기도회는 가정마다 아침에 드리는 가정 기도회로 이어졌다.

3. 성경공부와 찬송

한국교회는 무엇보다도 하나님의 말씀인 성경을 열심히 가르치고 배우는 교회가 되었다. 한국교회에서 교회에 충실하다 보면 교회를 통하여 배우는 말씀이 전문가 수준이 되며, 교회의 지도를 받아 개인적으로 성경을 많이 읽음으로 인하여 성경을 많이 아는 교회가 되었다.

옛 한국교회는 지역마다 노회마다 월 성경학교를 운영하여 성도들에게 성경을 많이 가르쳤다.

성경공부를 열심히 하다 보면 자연 찬송과 기도가 많아지고 예배가 풍성해 지는 것을 본다.

초창기 한국교회는 서양 음악을 보급하는 근거지가 되었다.

서양 음악인 **찬송가** 때문에 한국의 음악가들은 모두 교회에서 나오게 되었다. 그리고 클래식 음악과 팝송 사이에 가곡이라는 새로운 형태의 노래가 탄생 되었다. 이 노래의 형태는 찬송가를 많이 닮기도 하였고 좀 수준이 있다는 사람들이 애창하는 노래가 되었다.

4. 전도

하나님의 말씀을 배우다 보면 자연 이 말씀을 다른 사람들에게 전하고 싶어지는 욕망도 생겨서 이웃들에게 아는 체 하는 전도가 있게 되었다.

이런 한국교회는 자연 한국사회의 앞서가는 집단이 되었고, 교회에서 성장하는 사람들은 지역사회의 지도자로 성장하게 되었다. 따라서 이런 상황을 보는 불신자들이 자신은 예수를 믿지 않을지라도 자녀들이 교회 가는 것을 막지 않을 뿐 아니라 오히려 권장하는 상황이 되었다.

이런 한국교회를 선교지 교회들은 흠모하여 한국교회의 파송을 받은 한국 선교사들을 올려보는 경향이 있어 선교지에서 주의 일을 하는데 큰 도움이 되었다. 그러나 많은 선교사들은 선교지 성도들이 사모하는 한국교회의 모습을 보여주는데 실패한 사람들이 다소 있는 것이 안타까울 뿐이다.

5. 교회의 조직 및 행정

완전한 주님의 교회는 성경적인 교회의 조직과 행정이 있어야 한다.

(1) 교회의 조직

초대교회가 보여주는 교회의 조직을 위한 직분으로 목사, 장로, 집사가 있다. 이는 교회의 일에 필요한 직분으로 교회는 사역을 분담하여 효율적으로 수행하게 되어 있다.

그리고 교회가 개척되고 성장하며 3가지 직분이 교회 내에 있게 될 때 비로소 완전한 교회, 그리스도의 교회로 탄생한 것을 보여주게 된다.

성경에 가장 가까운 교회의 모습인 장로교회의 헌법에는 조직교회의 3요소로 구분하고 예배와 설교와 성례집행, 교회의 대표는 담임목사에게, 교회의 행정과 교회 정치 담당, 목사의 일을 보조하는 일은 장로들에게, 목사와 장로의 지도를 받은 교회의 제반 사역들, 목사 장로의 사역을 보조하는 일, 교회 헌금 수납 관리 등은 집사들에게 속한 일로 규정하고 있다.

선교지 교회들은 대부분 수준이 안되는 목회자 한 사람에 의해 운영되고 있던지, 또는 평신도 지도자들이 목회자와 함께 목회자의 사역을 나누어서 사역을 감당하고 있던지, 아예 평신도들도 목회자와 큰 차별 없이 목회 사역에 동참하는 형태를 취하고 있어서 교회의 수준이 평균 이하의 상황이라 하겠다.

(2) 교회의 행정

이러한 교회의 직분에 따라 교회의 행정과 사역을 위하여 당회(목사, 장로들의 모임-정치와 행정, 예배)와 제직회(목사, 장로를 비롯한 집사들의 모임-교회의 제반 사업 전개)와 모든 세례교인들의 모임으로 교회의 최고 의결 기관으로 공동의회(교회의 예산, 결산 처리, 담임목사 청빙, 직분자 선택, 교회의 특별한 사업 승인 등)가 있다.

선교지의 목회자는 교회의 대표나 리더가 아니고 교회의 지도자들의 지도하에서 목회자의 일부 사역을 담당하고 있는 실정이다

6. 한국적인 사회

한국 사회는 불교와 유교적 바탕을 근간으로 한국 사회를 형성하였다. 또한 끊임없이 이웃 나라들의 침략과 공격 속에 살아왔으며 중국의 억압과 일본의 침략과 말살 정책에 시달려왔다.

이로 인하여 한민족은 사대주의 사상이 정신적 근간에 뿌리를 내리고 있어서 자주보다는 주변나라에 의존하여 생명을 유지하려는 삶을 영유하여 왔다.

또한 안으로는 당파 싸움으로 하나가 되지 못하고 갈라지는 불행을 계속 경험해 왔다. 따라서 우리는 어디를 가나 끼리끼리 뭉쳐서 어떤 힘을 발휘하려는 경향을 가지고 있다.

그리하여 한국인은 어디를 가나 한인회를 조직하여야 한다.

그리고 그 패거리에 하나 되지 못하면 죽는 줄로 안다.

선교사들도 어디를 가나 선교사회를 조직하고 그 선교사회가 어떤 인증 기관처럼 행세한다. 그러나 그 선교사회가 현지 선교 사역에는 별 도움을 주는 일은 하지 않는다. 오히려 이 모임이 현지화를 방해하기도 하나 이를 눈치 채지 못하고 지난다.

1. 강제적인 사회와 자유스러운 사회

한국 사회는 강제적인 경향을 보인다. 쉬운 말로 한국인은 풀어주면 무슨 일이 되지 않고 억압이 있어야 일이 되는 사회이다.

그러나 태국 사회는 우리와 정 반대이다. 태국은 억압하면 안되고 나라 이름 처럼 자유 해야 일이 돌아가게 되어 있다.

어느 나라든 약간의 억압이 있어야 질서가 있게 되어 있다. 그런데 억압이 통하지 않는 태국은 자유 해야 일이 돌아가는 느낌이다. 따라서 무질서하게 보이는 것은 사실이다.

이런 자유스러운 상황의 사회에서 한국 선교사가 적응하여 일 한다는 것은 그리 쉬운 작업은 아니다.

2. 무 계급 사회와 계급 사회

한국은 계급이 없는 것 같이 보이고 있으나 태국 사회는 계급이 없는 것 같이 보이나 왕이 있는 나라이기 계급 사회나 마찬가지의 경향을 보이고 있다. 우리와 전혀 다른 사회 구조를 가지고 있는 태국에 한국 사람이 적응하기란 쉽지 않은 상황이다.

따라서 한국인은 대통령을 향해서도 욕을 하지만, 태국은 수상에게 욕하는 일은 불가능한 상황이다. 경찰도 좋은 차는 잡지 않고 시원치 않은 차만 잡는 경향이다.

계급이 없는 한국 사회에 익숙한 한인 선교사들이 계급이 보이는 태국에서 어떻게 적응할 수 있겠는지에 대한 대책이 필요한 중에 있다.

예를 들면 태국에서 차량을 임대하여 단기 팀을 수송 할 때 기사를 어떻게 해야 하는 문제가 나타난다. 태국 기사들은 차량을 임대한 사람과 임대에 응한 사람이 왕과 신하의 관계가 되기에 이 기사가 우리들과 함께하지 않음에도 불구하고 이를 모르는 선교사나 한국인은 기사로 하여금 함께 식사를 하자고 제안하는 것은 태국 사회에 맞지 않는 예절이 된다.

3. 같은 수준의 사람들끼리 사회 구성

또한 이런 사회의 차별은 태국인들이 외국에 나가도 태국인 사회 조직을 쉽게 하지 못하는 경향을 보이고 있다. 그러면서도 겉으로는 이런 모습을 보여주지 않는다. 통상 태국인들은 동일한 수준의 사람들끼리 통하고 있는 것이다.

이런 우리의 사회적 특징은 선교지에서 좋은 모습으로 비치지 못하고 있다. 따라서 자기가 좋아하는 사람들끼리만 놀지 말고 좋아하지 않아도 함께해야 하는 사람을 용납하고 양보하여 하나가 되어 사역하는 모습을 선교지에서 보여 주어야 한다.

한국 사람들은 저력은 있으나 개인주의, 자기 이름을 내야 하는 문제로 함께하여 좀 더 큰 일을 하지 못하고 구멍가게 식의 선교를 감당하고 있는 것은 선교지에서 나타나서는 안되는 모습이라 하겠다.

쑤팟뜨라교수에 의하면 태국 사회의 특징은 다음과 같다.

(1) 느슨한 사회

(2) 변화가 적은 사회

(3) 농촌 사회

(4) 예절과 풍습을 기초로한 사회

(5) 교육 수준이 낮은 사회

(6) 고향에 집착하는 사회

(7) 계층 사회

쑤팟뜨라 교수가 지적하는 태국 사회의 가치관은 다음과 같다.

(1) 개인숭배

(2) 어른 공경

(3) 주인 높임

(4) 부모의 은혜를 높임

(5) 쾌락주의

(6) 편의주의

(7) 편안주의

(8) 물질주의

(9) 자유주의

(10)개인주의

(11)예식주의

(12)중용주의

(13)쉽게 잊음

7. 한국적인 문화

세계 각국은 교유한 문화를 소유하고 있다. 이는 그 사회의 구조와 가치관의 표현이다. 따라서 이런 문화의 대립은 피할 수 없는 국가 간, 민족 간의 큰 문제이기에 완전한 문화에 동화되기는 어려울 것이다. 그러나 이를 이해하고 그 상황에서 우리의 사역이 전개 되어야 할 것이다.

이희승의 국어 대사전에서 **문화**란 "인간이 자연 상태에서 벗어나 일정한 목적 또는 생활 이상을 실현하려는 **활동의 과정** 및 서서히 형성되는 **생활양식과 내용** 곧 **의식주**를 비롯하여 **학문 예술 종교 법률 경제** 등 **외적 물질적인 문명**에 대하여 특히 **인간의 내적 정신 활동의 소신**을 가리킨다"

여기서 "문명"이란 "사람의 지혜가 깨서 자연을 정복하여 물질적으로 생활이 편리하여지고 정신적으로도 발달하여 세상이 열리어 진보한 상태를 가리키고, 대체로 문화와 문명을 혼용하여 사용하는 경우가 있으나, **문화**는 종교, 학문, 학술, 도덕 등 **정신적인 움직임**에 대하여 **문명**을 보다 더 실용적인 식산, 공업, 기술 등 **물질적인 방면의 움직임**이라하여 편의상 **전자를 정신문명, 후자를 물질문명** 이라 한다.

위의 정의에서 보여주듯이 **문화는 정신적인 측면과 밀접한 관계**를 가지고 움직이고 있고 주로 **종교와 도덕, 지식에 근거**를 둔다.

1. 한국의 유교적인 문화

한국 문화의 근저에는 유교 사상이 편재해 있다. 따라서 한국의 교회도 유교사상의 영향을 많이 받아 한국교회가 질서가 있어 높은 수준을 보여 주는 것은 다행한 일이며 자랑스러운 모습이라 하겠다. 왜냐하면 유교가 서민층 종교가 아니고 상류층이 신봉하는 종교였기에 자연 높은 수준을 지향하였기 때문이다.

한국인 선교사는 어느 나라를 가던지 한국인의 모습을 유지 하고 선교지의 문화에 동화될 때 선교지의 사람으로 선교 사역을 감당 할 수 있게 된다. 자기 문화를 잃은 사람은 선교지에서 환영 받지 못하게 될 것이다. 또한 수준 높은 한국교회 모습을 선교지에서 보여준다면 더욱 자랑스러운 모습의 교회로 뿌리를 내릴 수 있을 것으로 보인다.

미국 이민을 초창기에 간 한국인들은 이해 부족으로 이제는 한국어가 필요 없다는 생각을 하고 영어만 쓰기 시작하였다.

영주 비자를 받고 미국에 갔다는 것은 아직 한국을 버린 상태가 아님에도 불구하고 이제는 한국이 조국이 아니고 미국이 나의 조국이라고 생각하였으며 한국 정부도 이런 사람들을 한국인으로 취급하지 않고 영주 비자만 가지고 있어도 한국인으로서의 모든 권리를 박탈하였다. 그리고 이 영주 비자를 소지하고 있는 사람은 한국에서 취업하는 것을 제한하기도 하였다. 그러나 지금은 개인이나 정부가 이런 오해를 하지 않고 영주 비자 소지자는 아직 완전한 한국인으로 대우하고 있다. 그리고 미국 시민권을 획득해도 출신이 어딘지를 따지며 자기 태생적인 국어를 모르면 무시당하는 상황이 되었다.

선교사는 선교지 국가로 이민을 가서 선교지 나라 사람이 된 것이 아니다. 선교지 사람처럼 살고 일을 하고 있어도 그 선교사는 분명히 한국인이다. 따라서 한국인의 모습을 유지하고 있어야 선교지인들을 진정으로 도와서 복음을 전하고 구원의 역사를 이룩할 수 있다는 말이다. 설혹 내가 선교지를 아주 사랑하여 선교지 사람처럼 살고 일한다 할지라도 선교사는 분명 그 선교지 국가의 사람이 아니고 한국인인 것이다. 한국인의 정체성은 한국 문화를 통해서도 분명히 나타나는 것이다. 따라서 이를 상실해서는 않된다. 더 나아가 선교지에 아예 귀화를 한다 해도 한국인은 여전히 한국인이라는 사실을 망각해서는 안된다.

선교지 인들도 선교사가 완전 자기 나라 사람 되는 것을 바라는 것이 아니다. 그렇게 되면 오히려 징그러운 생각이 든다는 것을 알아야 한다. 왜냐하면 본전은 선교지 인이 아닌데 선교지 인과 똑 같다면 믿음이 가지 않게 된다는 말이다.

따라서 한국 선교사는 한국 문화가 살아있는 사람으로 현지에 적당하게 적응되어 삶과 사역이 방해만 받지 않으면 되는 것이다.

2. 태국의 불교적인 문화

선교지마다 그들을 지배하는 문화가 있고 그 근저에는 종교가 있다.

태국 문화의 근저에는 불교가 있다. 따라서 태국에는 불교 아닌 것이 없다. 불교와 기독교는 정 반대의 맛을 낸다. 기독교도가 되면 전투적이고 활달해 진다. 그러나 불교도가 되면 아주 얌전해지고 비 전투적이 된다. 이런 정 반대적인 문화 속에서 복음 사역을 전개하려면 선교지 문화에 젖은 모습을 보여 주어야 선교지 사람들이 믿고 따르게 되어 있다.

특히 살생과 관계하여 조심하지 않으면 불교도들의 믿음을 상실하여 선교사가 그들과 일 할 수 없는 상황에 들어간다.

예를 들면 차 안에 모기가 들어 왔으면 우리들은 담대하게 즉시 때려죽일 것이다. 그러나 태국인들은 창문을 열고 이를 밖으로 내 보내서 차에 들어온 모기의 문제를 해결한다.

기독교에서는 사람과 다른 동물, 곤충, 벌레 등을 사람과 동급으로 취급하는 것이 아주 못 마땅하게 여긴다. 그러나 불교 사회와 문화 속에서는 그래야 살고, 일 할 수 있는 믿음을 그들에게 줄 수 있다.

그러나 기독교의 가르침은 세상의 창조물들은 모두 사람을 위하여 창조되었고 사람의 필요에 따라 사람 마음대로 할 수 있게 되어 있다. 그럼에도 불구하고 이런 불교 상황에서는 기독교의 모습을 제대로 다 표현 한다면 오히려 기독교 전파를 방해하는 상황이 될 수밖에 없는 것이다.

제5장

선교사의
선교현지
적응

선교지에 오면 선교지 사람처럼 되어야 살 수도 있고, 일 할 수도 있게 된다. 이런 선교지 적응이 되지 않으면 선교지에서의 삶이 재미가 없고 골치 아픈 나날을 보내게 된다.

외국인이 아무리 노력해도 선교지 본토인과 같이 되지는 않는다. 그러나 그들을 이해하고 함께 사역할 수 있는 상황이 되면 적응이라는 방향을 제대로 잡아가고 있는 것이다.

선교지 적응이란 간단한 것도 아니고, 쉬운 것도 아니다. 선교지 사람으로 다시 탄생하는 과정이 필요하기 때문이다.

선교사가 선교사의 사역을 선교지에서 제대로 감당하려면 어떤 적응이 특히 필요하겠는가?

외국 적응은 그 사람이 어떤 종류의 일을 하는가? 에 따라서 상당히 다른 상황에 처하게 된다고 하겠다.

일반적으로 선교사의 선교적 방향에 따라서 선교지 적응의 방향이 조금씩 다른 것은 사실이다. 그렇지만 자신의 선교적인 사역과 관계없는 것도 경우에 따라서는 적응해 주어야 할 필요가 있다는 것을 알아야 한다.

예를 들어 한인 디아스포라 목회자는 한인을 상대하는 사역을 하기에 한국어만 사용한다. 그러나 선교지 언어를 모르면 그 목회가 정상적으로 이루어질 수 없게 된다. 왜냐하면 자기 교인들의 생활 터전이 한국이 아닌 선교지 이기에 그들을 제대로 돕는 사역을 하다 보면 한인 목회자가 자기 교인을 다 도와 줄 수 없어서 현지인 선교사에게 자기의 일을 부탁해야 하는 상황이 전개되기 때문이다.

여기서 좀 더 욕심을 부린다면 선교지의 한인교회도 자기가 속한 지역 선교지의 선교사적 사명을 인식하고 한인들에게 선교지 언어를 가르쳐서 선교지 현지어를 자유롭게 사용할 수 있도록 함으로 자기 교인들이 선교지에서 사업도 하고 직장도 갖고 실제로 전도도 하고 1년에 한, 두 번씩 선교지 현지 언어로 예배도 드리면서 선교사 체험도 하고 주변의 선교지 인을 초청하여 전도도 하는 기회로 삼는다면 모름지기 선교지에 있는 한인 디아스포라의 사명을 제대로 감당하고 있다는 자부심도 갖게 하여 좋고 후에 한국으로 돌아가서도 어느 선교지에서 몇 년을 살았다고 하는데 그 나라 말도 못한다면 그 사람을 오해하고 무시 당 할 수도 있어서 선교지에 있는 한인교회가 이런 일을 해 준다면 큰 보람을 갖게 될 것이다.

1. 선교사의 정체성과 적응성

정체성(正體性,identity)은 존재의 본질을 규명하는 성질을 말하고(참된 본디의 형체) 적응성(適應性)은 일정한 조건이나 환경 따위에 맞추어 알맞게 성질이나, 생물의 형태나 습성이 환경의 변화에 적합하게 변화하는 능력이나 성질을 (순응하기에 이른 과정)말한다.

선교사는 선교지에서 자신의 정체성을 상실하지 않도록 최선을 다 함과 동시에 선교지에 살아남을 수 있는 변화를 경험하는 적응성을 발휘할 수 있는 선교사가 되어야 한다.

선교사가 선교 현지 적응을 깊이 생각하고 이 일에 열중하다 보면 선교사인 나의 정체성을 잃어 버려서 쌍방 통행이 아닌 선교지 일방적으로 나아 갈 수도 있다.

이렇게 선교지 적응 상황이 되면 선교지 적응은 성취되었다고 해도 선교사 자신의 정체성이 약해져서 이 선교지 적응이 아무 소용이 없게 되어 선교사의 사역을 감당 할 수 없게 된다.

나의 한국인으로서의 정체성 그리고 한국교회적인 신앙의 정체성을 상실한다면 선교지에 무익한 선교사가 되기 때문이다.

사실 이 한국인의 정체성, 한국교회의 믿음의 정체성 때문에 한국에서 선교지로 오게 된 것이다.

예수님께서 이 세상에 오셔서 하나님의 신분을 다 버리고 순 인간의 모습만 가지게 되었다면 구속자로서의 자격을 자연 상실하는 것과 같은 상황에 처하게 되는 것과 같기 때문이다.

선교사가 선교 현지 적응에서 유의할 점이 바로 이 문제이다.

선교사가 파송 받아 이웃나라로 가게 된 것은 그가 한국인이요 한국교회의 신앙을 소유하고 있으며, 동시에 선교지의 사람들을 사랑하기 때문에 그곳 선교사로 파송 받아 온 것이다.

그 선교사는 자기 있는 것으로 선교지에서 사역하는 것이다.

그 있는 것이란 한국인이요 한국교회 적인 신앙인 것이다.

이렇게 나에게 있는 것으로 선교지 사람들에게 맞도록 변화시켜 나의 있는 것을 제공함으로 자신의 선교 사역을 감당하게 된다.

따라서 선교사의 선교지 적응은 선교사가 선교지 현지인이 되는 것만을 생각하지 않고 선교사 자신이 소유하고 있는 한국적인 것을 잘 보존하면서 그것을 선교 현지에 맞도록 변화시켜 그들로 하여금 성경적인 신앙을 소유할 수 있도록 해야 한다는 것이다.

이 전달 과정에서도 외부의 바이러스가 침투하지 못하도록 조심하지 않으면 선교 전체를 버릴 수 있음도 기억해야 한다.

현대 교회들의 상황은 너무나 세속화 되어서 교회와 세상이 구분이 안되는 상황 속에 있음을 보고 있다. 선교지 교회들 중에는 교회의 모습이 성경 어디에 있는 모습인지를 찾아보기 어려운 교회의 모습이 상당 수 있는 것을 본다.

선교지 인들에게 성경을 바르게 가르치고, 교회의 참 모습을 가르쳐 주고 그렇게 교회를 이끌어가게 하는 사명이 선교사에게 있는 것이다. 그러나 본국 교회의 좋은 것 마저 다 버리고 선교 현지의 성경적이지 못한 것을 좋다고 따라 간다면 무엇 하려고 선교사가 선교지에 온 것일까? 라는 의심을 받게 될 것이다.

생각하건데 선교 현지에 적응한다고 우리의 좋은 것을 버리고 선교지의 좋치 않은 것을 우리 것 보다 더 좋은 것처럼 오해하고 따라만 가는 선교사는 이미 선교사의 자격을 상실한 무의미한 선교사가 된 것임을 인식하여야 한다.

선교사의 현지 적응에는 내가 따라야 할 것과 따르면 않되는 것이 있음을 분명히 알고 바르게 판단하여 나가야 한다. 어떤 한국인 여선교사는 무슬림 국가의 선교사로 갔는데 그 곳에서 무슬림 청년과 결혼하여 무슬림이 되었다는 것이다. 그에게 왜 기독교를 버리고 무슬림이 되었는가고 물으니 그 무슬림을 전도하기 위해서라고 대답했다는 것이다. 이를 믿을 사람이 어디 있겠는가? 이것이 선교지 현지화가 아니라는 것을 알아야 한다. 기독교 신앙을 버리고 어떻게 기독교신앙을 전해 줄 수 있겠는가?

2. 선교사의 선교지 이해와 현지화

선교사의 선교지 화는 선교사의 선교지에 대한 일반적인 현지화를 말하는 것이다. 따라서 이것은 외국에 나와 있는 모든 사람에게 적용되는 이야기가 된다. 특히 선교사가 선교지 화에 최선을 다하는 것은 선교사가 선교지에서 이방인으로 따돌림 받지 않게 하는 유일의 방법이기 때문이다.

현지화는 눈으로 보고도 어느 정도 짐작 할 수 있고 따라 갈 수도 있다. 그러나 이를 위하여 구체적인 교육과 훈련 그리고 현지인을 통해 지도를 받지 않으면 현지화를 이룰 수 없게 된다.

1. 선교사의 선교 현지화에 앞서 선교지 이해가 먼저다.

선교사의 선교 현지화 작업은 선교사 파송 단체의 책무이다.

그러나 한국교회는 어느 선교단체를 막론하고 한국에서 변변치 않은 선교사 훈련은 실시하여 선교사를 파송 하였으나 선교사가 선교지에 도착한 후 선교 현지의 선교사 훈련의 중요성은 생각지 않고 선교사가 선교지에 정착 할 수 있도록 하는 현지 선교사 훈련은 언어공부를 제외하면 거의 없는 상태이기에 선교사가 선교 현지에 정착하고 활착하여 적응하게 하는 구체적인 선교사 적응 훈련을 선배 선교사들을 강사로 활용하여 실시하여야 한다.

따라서 선교 현지에 선교사 훈련원을 개설하여 신임 선교사들의 정착을 돕는 선교사 훈련을 언어공부 기간에 실시하여야 한다.

이 선교사 훈련원은 교단 별로 개설 하는 것이 좋으나 능력이 되지 않으면 여러 교단과 선교단체가 협의하여 하나의 선교사 훈련원을 현지에 개설할 수 있을 것이며, 사실 교단이나 선교회가 이런 능력이 없다면 현지의 선교사 친교회가 이 일을 대신해도 된다. 그러나 지역 선교사 친교회는 그저 놀고 먹고 친교 하는 단순한 모임으로 끝나기에 선교사를 도와주는 일에는 별 의미 없이 운영되고 있는 것이 아쉽다.

2. 선교지 이해의 수준을 넘어 선교지 현지화를 성취하여야 한다.

선교사가 일반적인 선교지 이해의 단계를 마쳤으면, 이제 구체적이고 깊이 있게 현지인 속으로 파고 들어가는 선교지 현지화 작업에 들어가야 한다. 그러면 선교사로 하여금 선교 현지화를 성취하게하는 선교 현지 선교사 훈련원의 교육과 훈련 과목은 어떤 것인가?

(1) 선교지 언어 교육과 훈련

선교지 언어 교육은 정규 언어학교를 통하여 진행될 수 있겠으나 이 언어 활용 능력 배양은 교회를 통하여 진행되어야 한다.

예를 들어 선배 선교사들이 개척하여 운영하는 교회를 통하여 신임 선교사로 하여금 현지 교회 방문 보고와 간증의 시간을 갖게 하고 평가를 해 준다면 신임 선교사의 언어 훈련은 물론 현지 교회 상황에 대한 이해를 돕게 하는 일을 자연적으로 성취시킬 수 있을 것이다.

이 과정이 끝나면 현지인 교회를 선택하여 1년 또는 단기간 동역 하는 일도 선교사 훈련에 큰 도움이 될 것이다.

(2) 선교지 교회, 총회 소개

이제 선교사들이 파송 받아 가는 모든 나라는 이미 기독교가 전파되어 있고 기독교 총회 및 단체와 선교 단체들이 있는 나라가 대부분이다. 이들의 상황을 먼저 알아야 내가 어떤 일을 어떻게 할 수 있을까? 하는 구체적인 선교 사역의 방향이 설정되기 때문이다. 사실 선교 사역과 정책의 큰 그림은 선교지에 오기 전에 이미 수립되어있지 않으면 선교지에 나오지 말라고 경고했다. 그러나 그 구체적인 실천 방향이 이 훈련을 통하여 수립된다는 말이다.

이 분야는 문서나 현지인 지도자, 선배 선교사들을 통하여 성취 할 수 있다.

(3) 선교지 선교 단체 소개

선교지에 먼저 와서 선교사역을 전개하고 있는 선교단체들의 경험은 선교사에게 성경 이상으로 중요한 선교적 자료를 줄 수 있기에 그들의 이야기를 들으면 단숨에 우리의 선교 사역이 수십 년 빨라질 수 있는 것이다.

특히 선교 단체들이 하고 있는 선교 방법 속에는 그들만의 지혜가 있기에 그들의 방법에 대한 연구가 필요하다 하겠다. 따라서 그 선교 단체의 책임자로 하여금 자기 선교 단체와 사역을 현지 언어로 소개 한다면 신임 선교사들에게 도전과 격려와 비전까지 주게 될 것이다.

(4) 선교지 종교 신앙 연구

선교지에는 토종 신앙과 기존 종교가 있게 마련이다. 이런 신앙과 종교를 깊이 연구하다 보면 그 상황에 맞는 기독교의 선교 방법을 발견하게 될 것이다. 그러나 기존 종교나 신앙과의 충돌로 발생하는 국가의 평화를 깨치는 상황은 어느 나라이든지 원치 않기에 항상 조심하여야 한다.

그리고 토종 신앙은 본토인의 정신을 지배하고 있기에 이를 쉽게 생각해서도 안된다. 기독교 신앙의 입장에서 보면 이런 신앙과 기존 종교를 무시하는 태도도 갖게 되지만 이를 조심하지 않으면 선교지에서 기독교의 패배를 맛볼 수밖에 없기 때문이다.

태국의 경우 불교는 국가의 건립과 함께하고 있어서 모든 분야에 불교가 아닌 것이 없는 소위 불교의 종주국의 위치에 있다.

또한 부라만교는 별 존재가 없으나 국가 주요 행사에 불교가 아닌 부라만교가 예식을 주도하고 있으며 토속 신앙은 국민의 기본 신앙으로 깊이 뿌리 내리고 있다.

(5) 선교지 문화 풍습 알기

문화와 풍습은 사람을 규정한다. 문화가 다르고 풍습이 다르기 때문에 사람들이 다르게 되었다. 서양 사람과 동양 사람의 차이만 있는 것이 아니라, 동일한 동양인 일지라도 동, 서양 사람이 다른 것 같은 다른 면을 가지고 있다. 우리가 선교지의 문화와 풍습을 깊이 알고자 하는 것은 나와 그가 어떻게 다른가를 파악해야 나의 갈 길을 찾을 수 있기 때문이다. 이 분야의 강의는 외국인 선교사를 통하여 듣는 것이 현지인 보다는 더 나을 것이다. 현지인은 자기들에 대하여 별로 생각하지 않고 있으나, 외국인은 이들의 다른 점을 상당히 파악하고 있기 때문이다. 생각 있는 한국인 선배 선교사를 통하여도 이 이야기를 충분히 들을 수 있겠다.

(6) 선교지 사회 구조와 삶 소개

문화와 풍습 그리고 종교와 신앙에 기반을 두고 있는 선교지의 사회 구조와 삶 속에서 선교사역을 감당해야 하는 선교사들은 사회구조를 활용하여 활동하게 되어 있다. 만약 선교지의 사회 구조 질서를 따르지 않는 선교는 성공하지 못하게 된다.

태국의 경우 태국의 왕 제도, 불교 신앙은 태국 사회에 보이지 않는 계급사회를 형성하게 하였다. 그리하여 왕과 신하의 관계가 태국 사회에 깊이 뿌리 내리게 되었다.

선교사는 이런 태국인의 밑바탕에 깔려있는 사회 구조적 상황을 잘 이해하고 활용하여 복음 전파에 도움이 되도록 해야 한다.

(7) 선교지 각 지역 및 사역지 연구

선교사가 선교지에 파송 받아 가면 자기 선교지역에서 선교 사역을 시작하기 전에 그 나라 전체를 파악하는 것이 중요하다. 이는 나의 선교 사역을 그 나라에 합당한 선교 사역으로 감당해야 하기 때문이다. 일반적으로 선교지 국가에 대한 이해가 있은 후 자기가 살면서 사역해야 하는 선교지역에 대하여 특별하게 구체적으로 연구를 하여 선교가 성공적으로 진행되도록 해야한다. 이렇게 연구하다 보면 후에 선교 논문을 쓸 때에 큰 도움이 될 것이다.

(8) 선교지 정치 제도 및 관공서 연구

선교지 국가의 정치와 관공서에 대한 지식은 선교사가 선교사역을 전개해 나갈 때 큰 도움이 될 것이다. 이를 통해 선교적 전망도 나올 수 있고 관공서의 활용에도 효과를 발휘하게 된다.

선교지의 정치나 관공서의 상황은 공산국가 또는 사회주의 국가나 무슬림 국가를 제외하고는 한국과 비슷할 수 있겠으나 우리와 다른 면을 분명히 가지고 있기에 이런 상황을 제대로 인식해야 선교사역에 대한 대책을 강구함으로 문제가 발생하지 않을 것이다.

태국의 경우 세계에서 가장 힘 있는 왕이 있는 국가이기에 일반 정치도 왕의 제도 하에 있음을 알아야 한다. 태국의 왕은 실권이 있어서 수상을 비롯하여 고급 관리나, 장성을 관장하고 각국 대사 영접과 태국 대사 파송을 직접 관장한다.

관공서는 주어진 시간만 알고 소위 업무 시간에 업무를 보기 위해 가는 것은 내 일을 처리하지 못할 확률이 높다.

음식점도 손님은 왕이고 종업원은 종의 관계가 성립되고 있기에 계산은 앉아서 처리하나 외국산 음식점은 서양식으로 처리한다.

이 분야의 강의는 선교지 현지 적응이 제대로 된 선배 선교사라면 누구나 강의하고 지도해 줄 수 있다.

(9) 선교지 교육 상황 및 신학 교육 상황 조사

선교지의 신학교육 과정을 이해하기 위하여 선교지의 일반 교육 제도와 상황 등을 아는 것은 신학교육의 계획 수립에 크게 작용하게 된다.

선교지의 신학과정에 대한 조사는 선교지의 목회자의 수준을 짐작하게 해주기에 선교지 목회자들을 이해하는 일에 아주 유익 할 뿐 아니라 이들을 어떻게 도와서 자질과 능력이 있는 목회자가 되게 함으로 교회 성장에 도움을 줄 것인가? 와 직접적으로 관계가 있기 때문이다.

통상 선교지 목회자들은 학사 정도의 수준으로 만족해하고 있는 실정이나 정상적인 목회자가 되게 하기 위하여 세계 표준인 목회학 석사(M.Div.)의 수준을 유지해 주어야 한다. 또한 신학교 교수 요원들의 실력도 신학석사(Th.M.)이상의 수준으로 유지 시켜 주어야 하는데 자신의 탤런트를 따라 신학교 교수요원의 자질을 향상 시켜 주는 일에 종사 할 수 있기에 선교지 신학교육 과정을 살펴보는 것은 선교사들의 사역과 밀접한 관계에 있는 것이다.

(10) 선교지 교통 법규 및 운전의 실제

세계 각 나라의 교통법규는 대부분 비슷하나 또 다른 부분이 있다는 사실을 알아야 한다.

우선 왕국과 일반 국가의 운전대는 정반대로 되어 있다. 쉽게 말하여 운전 방향이 정 반대이기에 운전 할 때에 항상 위험을 앉고 있다. 앞에 차가 있어서 그 뒤를 따라가면 아무런 문제가 없으나 내 길에 차량이 없다면 분명 한국에서 운전하던 방향으로 역 주행을 하게 되어 있다. 그러면서도 마음속으로 왜 저 녀석은 죽으려고 거꾸로 달려오지? 라고 생각하면서 내가 틀린 것이 아니고 저 친구가 틀렸다고 속에서 열까지 나는 것이다.

그리고 그 나라의 교통 법규에는 없으나 불문율의 교통법규가 있는데 이

것이 아주 중요한 교통 예절이다. 이 법규를 몰라서, 지키지 못함으로 선교지에서 선교사가 교통사고로 죽는 것이다.

태국의 경우 추월하는 불문율의 교통법규가 있는데 추월 할 수 없는 상황에서 아무데서나 추월하는 것이다. 한국 사람은 질서를 잘 지키는 사람은 아니지만 질서 의식이 꽉 들어서 이렇게 추월하는 사람을 만나면 "내가 잘못하는 것이 아니고 저 친구가 잘못하는 것이니" 그에게 양보하지 않는 고약한 성격이 있다.

이 때 양보를 모르고 그냥 운전하다가는 상대방도 죽지만 내가 죽는다는 사실을 알아야 한다.

(11) 선교지 선교 사역 소개 및 지도

내가 이제 막 도착한 선교지는 선교를 내가 처음 시작하는 선교지가 아니고 이미 다른 선교사들이 오래 전부터 들어와서 선교 활동을 전개한 기존 선교지가 대부분이라는 사실이다.

그런데 한국 선교사들을 보면 다른 선교사들 보다 늦게 선교지에 도착했음에도 불구하고 선교지에는 자기 혼자 있는 것처럼 선교사역을 시작하는 사람들을 본다. 선교를 실패한 선배 선교사에게서도 배울 바가 많고, 선교를 성공적으로 감당하고 있는 선교사를 통해서는 하루아침에 몇 단계의 선교 사역을 감당할 수 있는 지혜와 기술을 얻게 된다.

선교사의 역사가 짧으면 선교 역사 이지만 선교 역사가 길면 그것이 바로 그 나라의 기독교 역사가 되는 것이다.

먼저 선교지에 와서 사역한 선교사의 사역이 어떻게 진행되었는가를 살펴보는 것은 나의 선교 사역을 바르게 감당하게 하는 교과서가 되는 것이며 이것이 바로 그 선교지의 선교 전략인 것이다. 선교사들이 기록한 선교보고서는 후배 선교사들에게 큰 보화로 작용하게 될 것이다.

이제는 한국인 선배 선교사들의 역사도 오래 되었기 때문에 그들의 이야기를 듣는 것은 몇 십 년의 선교 역사를 듣게 됨과 동시에 한국인 선교사에게 합당한 선교 전략을 배워서 활용하게 되고 좋은 선교적인 지도를 받아 선배를 능가하는 선교사가 될 가능성이 있는 것이다.

3. 선교사의 현지 언어 훈련

선교사가 선교지 문화 적응이 아직 성취되지 않은 상태일지라도 현지 생활에서 현지인과 소통하기 위하여 현지 언어가 필요하기에 선교지 언어 습득은 우선적으로 실시해야 하는 작업이다.

현지 언어를 배우기 위하여 우리의 듣는 귀가 현지 언어를 알아들을 수 있는 귀로 변화 되어야 하는데 이를 위해 한국인 보다는 선교지 현지인과 더 많은 시간을 가짐으로 우리의 귀가 현지 언어를 들을 수 있는 귀로 변화 조정되도록 노력 할 일이다.

사람이 벙어리가 되는 것은 그 사람의 귀가 아무것도 들리지 않기 때문에 자연 벙어리가 된다는 것이다.

통상 한국인의 귀는 한국어를 알아듣기에 적당하게 조정되어 있다. 이런 귀로 현지 언어를 바로 알아듣고 그 소리를 낼 수 있는 길은 없는 것이다.

현지 언어를 배우려는 사람은 내 귀가 그 소리를 알아들을 수 있는 귀로 변화되어야 한다는 것이다.

현지 언어를 어떻게 배우고 훈련 할 수 있는가?

(1) 우선 선교 현지에 선교사를 위한 언어학교가 있다면 그 언어 학교에 등록하여 하루도 쉬지 말고 현지 언어를 배우는 일에 최선을 다해야 한다.

현지 언어는 통상 6개월 정도 쉬지 않고 꾸준하게 배우면 기본적인 언어 과정을 마칠 수 있고 좀 더 배워 우리의 선교 사역에 필요한 언어 교육을 받게 되면 모든 언어 공부는 마치게 된다. 따라서 이 기간에는 병으로, 여행으로 더구나 선교사역 등으로 언어학교를 결석하는 일이 있어서는 안된다. 이 기간에는 언어를 배우는 일 외에는 생각할 필요가 없다.

그런데 이 언어 학교는 하루 종일 공부하는 것이 아니고 주로 오전에만 공부하기에 오후 시간에는 학교에서 배운 언어를 생활에서 활용하는 시간으로 사용하여야 언어 훈련이 된다.

(2) 선교지 언어 공부는 그 나라의 수도에서 배우는 것이 원칙이다.

수도만큼 잘 가르치는 학교는 없다고 보기 때문이다. 자신의 사역지가 수도가 아니라고 해도 우선 수도에서 생활하면서 언어를 배우고 그 나라의 수도를 정복한 후에 시골로 내려가서 사역을 감당 한다면 선교지 전국을 카버하는 사역을 감당하는 선교사역이 될 것이다.

(3) 교회나 개인적인 만남을 통하여 배운 선교지 언어를 활용하는 기회를 가져야 한다.

선교지 언어를 배운 후 그 언어를 활용할 기회가 없으면 언어 훈련이 되지 않아 그 언어를 사용할 수 없게 된다.

이 언어 훈련은 현지인과 친구하면서, 또는 태국인 한 교회에 소속되어 자신이 감당할 수 있는 일을 하면서 언어를 훈련하는 것이 좋다. 이 때 한국인과 자주 만나면 내 언어는 버리게 될 것이다. 왜냐하면 한국인들끼리 선교지 현지어를 사용한다 해도 한국인이 현지어를 제대로 발음할 수 없어서 자연 나의 선교지 언어를 버리게 되기 때문이다.

교회에서 설교가 아닌 간증을 할 기회를 얻어 선교지 언어로 간증한다면 그것 자체가 언어 훈련이고 그 말을 들은 현지인이 수정해 주니 나의 현지 언어가 어떻게 변화해야 되는지를 알 수 있어서 언어 사용에 있어서 현지인처럼 현지어를 사용할 수 있는 기회가 많이 있게 된다.

(4) 현지어 성경을 계속적으로 듣고 또는 소리를 내서 따라 읽음으로 현지어 활용 능력을 높일 수 있다.

이렇게 하면 현지어 활용 능력이 좋아지고 성경에 나오는 고유명사를 선교지에서는 무엇이라고 부르는지에 대하여 배우는 기회가 되어서 좋다.

만약 찬송가 부르는 것을 좋아하는 사람이라면 현지인 찬송가를 자주 부르면서 자연스럽게 현지어 습득에 효과를 낼 수 있겠다.

(5) 현지인 비서를 사용하면 선교지 언어 활용 능력이 더 좋아 진다.

선교지 언어 공부를 마쳤으면서도 간혹 현지어를 물어 보아야 하는 상황에 처한다. 이때 개인 비서가 있다면 그에게 즉시 물어 보아서 바른 언어를 사용 할 수 있게 해야 한다.

그러나 이런 현지인 비서는 너무 오랫동안 같이 있으면 나에게 해가 될 수 있기에 적당한 때에 사람을 바꾸는 것이 좋은 현지인 활용 방법이라 하겠다. 왜냐하면 그가 나의 어릴 적(?)에 나를 양육한 사람이어서 내가 장성한 후에도 같이 있으면 전에 나의 선생님이었기에 문제가 될 수 있다는 말이다.

(6) 한국 외국어 대학에서 출판한 선교지 언어 공부에 도움이 되는 책들을 활용하면 현지어 활용이 더 쉬워진다.

한국에서는 선교지의 언어와 관계되어 있는 많은 책들을 출판하고 있기에 이 책들을 활용한다면 더 쉽게 선교지 언어 활용 능력이 좋아진다.

(7) 선배 선교사가 사용하는 현지어를 들으면서 나의 현지어를 바르게 교정한다.

현지어를 사용하는 한국 선교사들이 현지어를 바르게 발음하지 못하는 것은 대부분 비슷하다. 따라서 다른 사람이 말하는 것을 들으면서 자기도 그 곳에서 틀리고 있다는 생각을 할 수 있다.

또한 자신이 사용하는 선교지 어를 녹음하였다가 들어보면 바르게 발음하고 있는지에 대하여 평가를 내릴 수 있다.

더 나아가 통역하는 기술을 선배 선교사가 통역하는 것을 보면서 배울 수 있으며 더 좋은 통역을 할 수 있게 된다.

우리는 한국어를 선교지 언어로 통역해야 하는 경우가 자주 있게 된다. 통역은 탤런트에 속하는 것이기도 하지만 선배들의 통역을 자주 접함으로 자연 나의 통역술이 발전하게 되는 것이다.

그러나 불행스럽게도 내 주변의 선교사들 중에는 이런 노력을 하는 선교사들을 보지 못하고 있다.

나는 후배들에게 나의 강의하는 것을 들어보라고 하지만 악착같이 배우려는 의지가 없는 것 같았다. 따라서 나보다 못한 선교사가 될 때에 마음에 분노가 일기도 하였다.

4. 선교사의 현지 사회 적응

사회는 공통의 목적과 이해관계를 기초로 하는 개인들의 집합이다. 이러한 사회관계는 상호 협조적인 관계뿐만 아니라 대립적인 관계도 포괄한다. 견해에 따라 협조적 관계를 강조하는 기능론적 사회관과 대분적 관계를 강조하는 갈등론적 사회관이 양립한다. 기능론적 사회관의 대표적 학자는 오귀스트 콩트, 막스 베버 등이 유명하며 갈등론적 사회관은 카를 마르크스, 안토니오 그람시와 같은 사회학자들에 널리 알려져 있다.- 이러한 정의(定義)는 사회를 일시적인 사람들의 집합체로 보는 군중과 구별하게 한다.

선교사의 선교지 사회 적응에 있어서 선교지의 풍습은 한국과 전혀 다른 상황임을 인식하는 것이 필요하다. 동일한 아시아권이라 해도 기본적으로는 비슷하다 할지라도 전혀 다른 문화와 풍습이라는 사실을 알지 못하면 선교지를 바로 이해하고 대처 할 수 없는 상황에 이르게 된다.

사회라는 말은 라틴어 *societas*에서 온 말인데 동료, 동업자 등의 관계를 포함한 친근한 사람들을 일컫는 말이었다.

사회(社會, *societas*)는 정치, 문화, 제도적으로 독자성을 지닌 공통의 관심과 신념, 이해에 기반한 다인(多人)의 개인적 집합, 결사체이다. 소규모의 가족에서부터 직장과 학교, 전체 사회 및 그 일부인 정치·경제·시민·노동·문화사회 등을 지칭한다. 사회는 "한국사회", "미국사회"와 같이 국가에 따른 구분과 "쿠르드사회"와 같이 민족에 따라 구분하기도 하고 문화, 지역에 따라 구분하기도 한다.

각 나라마다 사회적 풍습은 다양하다.

태국 사회는 불교 사회, 자기중심적인 사회로 10인의 태국인이 있으면 10개의 정당이 생긴다는 말이 있다. 이렇게 갈라진 사회가 적이 나타나면 즉시 하나가 되어 그 적을 타파한 후 다시 10개 정당으로 갈라지는 상황을 연출하는 사회이다.

한국도 분열을 좋아하는 민족이지만 적수가 나타나면 오히려 그 적을 옹호하는 세력과 배척하는 세력이 나타나는 민족이다.

또한 한국인은 어느 나라에 가든지 한인 모임을 조직하나, 태국인은 이런 모임을 조직하지 못하고 산다. 왜냐하면 태국 인들은 신분(인도처럼 신분을 따지지는 않으나 왕과 신하로 구분되는 사회 풍조)이 다르면 함께하지 않는 민족이기 때문이다.

이러한 사회 풍조 때문에 태국에서의 선교 활동의 어려움이 있다. 태국의 많은 교회 지도자들이 태국의 상류층 전도를 위해 일반적인 형태의 교회보다는 상류층에 맞는 교회가 설립되어야 한다고 하는데 이것이 태국 사회의 현실이어서 시도해 볼만하다. 그렇다면 이 교회는 클래식한 교회의 형태를 취하여야 하지 복음 송으로 일관하는 일반적인 교회의 형태가 되어서는 안 될 것이며 한국의 장로교회의 예배가 적당할 것이다.

왜 이런 상황이 전개되는가? 하면 태국의 좀 가진 사람들은 모두 다 종 같은 도우미들을 두고 있는데 그가 주인을 따라 교회당에 오지만 그 주인의 아이를 돌보기 위해 주인을 따라 교회당에 오는 것이지 그 주인과 함께 예배드리기 위하여 오지는 못하는 상황이 태국 사회이기 때문이다.

한마디로 주인과 종은 같은 등급이 아니어서 주인과 같이 앉아서 식사를 한다든지, 화장실을 같은 화장실을 쓴다든지, 주인의 식탁에서 식사를 한다든지 하는 것은 용납하지 않고 있기 때문이다.

이 때문에 한국의 단기 팀들이 범하는 실수는 우리를 싣고 다니는 버스나 봉고 기사를 불러서 함께 식사하자고 하는데 태국인들에게는 맞지 않는 일이어서 그들도 사양하지만 함께 하게 되어도 부자연스럽기에 불편하기 짝이 없는 상황이 연출된다.

따라서 이런 상황에 맞는 선교사역을 전개하지 않으면 사회 질서를 파괴하기에 태국인들에게도 좋치 않고 선교사의 장래 사역에도 좋은 결과를 주지 않게 된다. 이런 상황이 되면 한국인들은 감사하여 충성을 다하는 결과를 가져 오지만, 태국인들은 이런 무식한 사람들을 무시하고 함부로 대하게 되어 있다.

5. 선교사의 현지 문화 적응

"사회 전반의 생활양식"이라고 불리우는 문화(文化)는 일반적으로 한 사회의 주요한 행동 양식이나 상징체계를 말한다.

문화란 세계관, 사회사상, 가치관, 행동양식 등의 차이에 따른 다양한 관점의 이론적 기반에 근거하여 여러 가지로 정의 할 수 있다. 인간이 주어진 자연환경을 변화시키고 본능을 적절히 조절하여 만들어낸 생활양식과 그에 따른 산물들을 모두 문화라고 일컫는다.

한국인의 문화와 선교지 인의 문화의 차이 때문에 전혀 다른 사람으로 나타나게 되지만, 문화 적응에 따라 또 다른 사람으로 변하게 된다.

한국인 선교사가 파송 받은 나라의 문화에 적응이 되면 그 한국인 선교사는 선교지의 사람이 되어 선교지의 사람들에게 우리가 가지고 있는 그리스도의 복음을 그들에게 알맞게 전하는 사역을 전개할 수 있게 되는 것이다.

한국인의 문화 근저에는 불교와 유교가 있다. 그리고 기독교 내에도 이 불교와 유교의 영향은 대단하다. 한국이 옛날에 불교국 이었다는 것이 태국 선교에는 그 만큼 이로운 상황에 놓여 있다고 말할 수 있을 것이다.

태국은 불교국 이어서 태국인들 간의 인사 예절이 불교에서 왔다. 따라서 선교사들도 이들의 예절을 따라 불교식 인사를 배워서 활용하게 되어 있다. 태국인의 불교식 인사법은 이제는 불교라고 말하기 보다는 태국의 문화에 속하는 것이다. 따라서 이를 탓할 필요는 없다고 본다. 그러나 한국의 목회자들 가운데 이런 문화 적응을 못 마땅하게 여기는 분들은 태권도의 예를 들면서 외국의 태권도 도장에서는 모두 한국말을 사용하지 않느냐? 는 것이다. 이는 억지라고 보아야 할 것이다.

나는 이 불교적인 인사법을 넘어선 나이가 되었다.

태국의 인사법은 합장하는 불교식 인사법이 있고, 다른 하나는 머리를 앞으로 숙였다 펴는 목례 인사법이 있다. 나이가 적은 사람이 먼저 나이든 사람에게 손을 올려 합장하고 "*싸왓디 크랍(카-여자)*"이라고 하면 나이든 사람은 그 사람보다 손을 좀 낮게 올려서 그 인사를 받던지 고개를 조금 숙여서 그 인사를 받으면 된다.

내 나이가 많기에 손을 올려서 인사를 받는 일은 거의 없고 그냥 *싸왓디 크랍* 하면서 아는 체를 하고 다른 사람이 손을 올려 인사를 해도 나는 고개만 끄덕 하면서 *싸왓디 크랍* 하면 되는 나이가 되었기 때문이다.

그러나 태국 관공서에 가면 나이 어린 사람들이 앉아 있어도 모두 나보다 어른으로 대우하면 된다. 그것이 태국이다. 그래야 일이 순조롭다. 요사이는 연장자 우대 풍조가 있어서 우리의 모습을 처다 보고 연장자 우대를 시켜주니 좋기도 하지만 아 이제 끝까지 다 왔구나 하는 생각도 든다.

여기가 동양이어서 나이 먹은 사람은 우대한다.

아프리카 선교사들의 이야기를 들으니 한국인의 피부색은 백인으로 치기에 우대해 주고, 선교사이기에 관공서도 다른 사람들처럼 줄을 길게 서지 않고 우대해 준다니 오랫동안 서양선교사들을 섬겨 오던 사람들이어서 우리도 덩달아 대우를 받게 되어서 먼저 지나간 선교사들에게 감사가 있을 수 있다.

선교사가 선교지 문화를 알고 그 문화에 적응해야 하는 것은 그들의 문화를 알아야 그 문화를 통하여 복음을 전할 틈을 찾아야 하기 때문이다.

문화를 잘 모르면 이 틈을 찾을 길이 없고 복음이 잘못 전해질 가능성이 있기 때문이다. 이 문화는 그들의 옷만 입으면 되는 것이 아니라 음식이며, 언어며, 각종 풍습에서 나타나기 때문에 그때마다 현지인 지도자들에게 잘 지도를 받아 수준에 맞는 모습을 취하여야 한다. 이 문화가 각층에 따라 다르기 때문에 그 격에 맞지 않으면 그 문화를 따르지 않는 사람이 되기 때문이다.

어떤 태국 선배 교민이 들려준 한국인의 바르게 사용하지 못하여 큰 실례를 범한 예절 이야기가 있다.

한국에서는 축하와 조의를 표하는 화환이 꽃이 좀 다르고, 글귀가 좀 다르면 된다. 그런데 태국에서는 조화는 한국과 별로 다르지 않으나 축하는 조화처럼 큰 화환을 사용하지 않는다. 왜냐하면 화환이 큰 것은 조화로만 사용하기 때문이다.

그런데 한국인이 한국인의 축하 화환을 조화로 보내 왔다는 것이다. 한국인은 그게 보이지 않을 수 있으나 태국인의 눈에는 축하 자리에 왠 조화냐? 라는 문제가 발생한다.

6. 선교사의 현지 종교 이해

각 나라와 민족은 그들의 고유한 종교를 가지고 있다.

태국은 불교 국이며 소승불교(스리랑카, 태국, 캄보디아, 미얀마, 베트남)로 한국의 대승불교와는 차이가 있다.

불교(Buddhism, 네팔어: बौद्ध धर्म)는 기원전 6세기경 인도의 고타마 싯달타에 의해 시작된 종교이다. 역사적으로 불교는 기원전 6세기경 샤카족의 왕자로 태어난 싯다르타 고타마(Siddhārtha Gautama)에 의해 창시되었으며 현 네팔과 인도 북동부 지방에 있던 마가다(Magadha) 왕국을 중심으로 성립되었다.

싯다르타의 출생지는 룸비니(Lumbini)였고, 그의 성장지는 가비라 성(迦毘羅城, Kapilavastu)이었으나 그의 종교 활동인 수도(修道), 정각(正覺), 포교(布敎)는 마가다를 중심으로 전개되었기 때문에 그의 출생지나 성장지보다는 마가다 왕국이 불교 발생의 중심지로 생각된다.

싯다르타는 갠지스 강 주변의 나라였던 슈라바스티(Srāvastī) 왕국의 기원정사와 마가다 왕국의 죽림정사 같은 곳에서 많은 제자를 이끌었다. 불교는 그가 펼친 가르침이자 또한 진리를 깨달아 부처(붓다·깨우친 사람)가 될 것을 가르치는 종교이다. 구체적으로는 고통에서 벗어나는 것 또는 고통이 없는 상태에 이르는 것이 가르침의 목적인데 소승불교(테라와다)와 대승불교로 나눌 수 있다.

오늘날까지 2,500년의 세월이 흐르는 동안 불교는 다양하고 복잡한 종교적 전통을 지니게 되었다. 불교의 가르침인 해탈 또는 열반(니르바나)은 벗어나는 것을 뜻 하고 깨달음에 도달하는 것은 열반에 도달하는 것과 동일하다.

한국의 불교는 기원후 4세기와 5세기경 삼국 시대(三國時代)에 동진 시대(317-420)와 남북조 시대(439-589)에 중국을 거쳐 들어온 종교로서 한국 민족과 더불어 자라온 중요한 종교 사상의 하나이다. 현재 100개 이상의 종단이 있으나 "대한불교조계종"(80%)이 주를 이룬다.

선교지의 종교와 현지인은 함께 간다.

이 둘은 분리될 수 없는 일이기에 선교를 생각하는 사람은 그들의 종교를 깊이 연구해 보아야 그들이 보이게 되어 있다.

태국인을 만나면 "부다"를 만난 것과 같은 느낌을 준다. 이는 한국인을 만나면 공자를 만난 느낌을 주는 것과 같다. 그 뿐 아니라 태국의 기독교인들은 불교도와 별 차이가 없는 것 같다. 따라서 선교사나 목회자가 태국 교인들 앞에서 불교가 가르치는 교리에 어긋나는 모습을 보인다면 그들은 즉시 이런 지도자를 신뢰하지 않게 된다. 그럼으로 그들 앞에서는 불교도 같은 모습을 보여 주어야 나의 가르침에 흠이 가지 않게 된다.

특히 살생과 관계된 행동이다.

만약에 우리 차 속에 모기가 들어 왔다면 우리는 때려죽이겠지만 태국 기독교인들은 절대 이 모기를 때려죽이지 않고 문을 열어 내보낸다.

때문에 선교사는 현지 종교에 대하여 잘 알아서 그들의 종교 윤리에 어긋나지 않는 행동을 취함으로 그들의 마음에 상처를 주지 않게 할 뿐만 아니라 그들의 마음을 열게 하여 복음을 전할 기회를 얻을 수도 있는 것이다.

한국의 기독교는 다분히 공자의 자손들의 모습을 나타내고 있다. 그래서 모든 기독교의 예배의 형태가 거의 비슷한 중에 있다. 그것도 공자의 도와 가까운 장로교회의 질서있는 모습이다. 이리하여 모든 기독교의 예배가 이런 장로교회의 모습을 벗어나지 못하고 하나가 되었다.

그러나 태국 같은 경우 태국기독교총회와 태국복음주의연맹의 예배 형태는 전혀 다른 모습을 가지고 있다.

태국기독교총회 내의 교회들의 예배순서는 한국교회나 별 차이가 없다. 그래서 함께 예배드릴 때에 우리보다 예배 의식이 더 하다는 느낌을 받는다. 그러나 태국복음주의연맹 내의 교회들의 예배는 예배라고 칭하기는 좀 부족한 예배 의식을 가지고 있다. 소위 한국의 기도원 모임과 비슷한 형태이기에 장로교회 예배 의식에 상당히 못 미치는 예배를 드리고 있다.

예배는 사람 중심이 아니고 하나님 중심적이기에 자연스럽게 진행하기 어려운 상황이다. 더구나 기독교의 예배는 하나님을 알현하는 시간이어서 태국인들에게는 왕을 알현하는 시간과 같은 상황이기에 고도의 질서를 요하고 있다. 그러나 오늘날의 예배 형태가 인간 중심적이어서 의식에서 멀고 흥미 위주의 예배를 드리고 있어서 태국인들에게 상당한 무시를 당하고 있는 모습이다. 어떤 선교사들은 이런 성경의 원리도 모른 채 예배 같지도 않은 예배를 더 좋아하면서 이들을 지도하기는커녕 그들을 따라가는 한심한 사람들도 간혹 있는 것을 본다. 왜 좋은 예배 형태를 저버리고 저급한 예배 형태를 따라가는지 이해가 되지 않는다.

제6장

선교사의
선교지
교회화

선교사가 선교지에 정착하고 제대로 사역하기 위하여 일반적인 선교지화 정도로는 선교 사역을 감당할 수 없다. 선교사의 사역은 교회와 관계된 사역이기에 선교지 교회를 제대로 알고 자신을 선교지 현지 교회화 시키는 작업을 성취하여야 한다. 선교지 교회화는 선교지 화 이상으로 중요한 일이다.

선교지 교회화는 일반적인 선교지화 보다 더 구체적인 그리고 교회적인 작업이다.

선교지 화는 일반적인 적응이지만 선교지 교회화는 특수한 적응에 속한다. 일반적인 선교지 적응은 현지에서 살아가는데 더 필요하나 선교지 교회화는 선교사의 사역과 직접 관계되어 있기 때문이다.

선교지 교회화를 이루기 위하여 우선 많은 현지인 교회를 상당 기간 방문을 통하여 상황을 살피고 한국의 교회와 비교하면서 어느 것이 초대교회와 가까운지를 구별할 줄 알아야 한다.

여기서 나의 앞으로 할 일인 나의 선교 사역을 발견하게 된다.

그들과 함께 정규 교회 생활을 해 보아야 한다.

필자는 방콕의 사톤따이 수안푸루에 있는 수안푸루교회(치윗마이 교단-

쁘라쎗목사)에서 단기간 교인처럼 다니면서 나의 현지 교회화에 힘썼다.

새벽기도회로부터 시작하여 주일 아침과 오후까지 함께 하면서 주일에 전 교인 식사를 제공해 주기도 하였는데 목사님이 오늘은 "*아한 까울리*"를 먹게 되었다고 농담조의 광고를 하였다.

나는 그 때 태국의 복음 송을 다 배웠다. 태국인들이 복음 송을 반복적으로 계속 부르기에 태국어를 몰라도 자연 입에 붙게 되었다.

아직도 기억하며 특별한 하나님의 능력을 기대할 때 부르는 복음송 중에 "마이미 아라이 티약 쌈랍 프라짜우"(하나님에게는 어려운 것이 없다)

"*1. 마이미 아라이 티약 쌈랍 프라짜우(2) 마이미 아라이 티약(3) 쌈랍 프라짜우*

2. 툭씽 툭양 뻰다이 쌈랍 프라짜우(2) 툭씽 툭양 뻰다이(3) 쌈랍 프라짜우"

1. 선교사 정신의 구조적 변화

선교지 교회를 이해하기 위하여 선교사의 정신적 구조를 개조하지 않으면 어렵다. 오랫동안 한국교회의 예배에 젖어 왔기에 한국교회의 예배처럼 드리지 않으면 이상한 것으로 생각하여 거부하는 자세를 가지게 되기 때문이다.

한국교회의 예배의식과 비슷한 태국기독교총회 교회들의 예배의식도 한국의 자유주의 신학과 신앙을 가진 교단들이 드리는 예배 의식과 비슷하여 합동, 고신 계열의 선교사에게는 상당한 거부감이 있을 수 있으나 우리와 똑같아야 한다는 정신적 구조를 고치고 이런 수준이면 우리가 사용하는 예배나 다름없다고 생각하는 방향으로 전환 한다면 현지 교회들을 이해하는데 도움이 될 것이다.

사실 전 세계에 한국교회와 동일한 예배 형태를 가진 교회는 없다는 사실을 인식하는 것이 중요하다. 심지어 한국교회 내에서도 각 교단의 예배 의식이 조금씩 다른 것이 사실이 아닌가?

요사이 한국의 정치 상황을 보면 적어도 국민이 두 가지 상반되는 사상으로 갈려 평행선을 달리는 정식적 구조를 가지고 있어서 서로 이야기를 계속해 보아야 감정만 상하게 되는 것과 같은 상황이 되는 것과 같다 하겠다.

성경에 어긋나지 않는 예배의식을 가지고 있다면 이를 용납해야 하는데 이 때 정신적인 변화가 먼저 선행되어야 현지 교회화에 도움이 된다는 말이다.

필자는 태국어를 배우면서 마음에 들지 않았던 것은 태국의 왕을 하나님처럼 대우하는 특별한 언어에 대하여 상당한 거부감을 갖고 있었기에 태국어 공부에 많은 어려움을 당했다.

태국에는 일반 태국어가 있고 왕과 관계된 특수한 언어를 가지고 있어서 왕을 알현해야 하는 태국교회 지도자들도 왕을 알현하기 위하여 많은 언어 준비를 하고 있다.

그 여파로 하나님과 예수님에 대하여 사용하는 언어가 바로 왕가에서 사용하는 고급 태국어인데 나의 설교나 성경공부 시간에 그냥 일반 언어를 사용하는 나쁜 버릇이 있다.

2. 선교지 기독교 상황 이해와 수용

선교사는 선교지 교회의 제반 상황을 그대로 수용하기 위하여 이를 비판하기에 앞서 이해하는 태도로 이를 수용하는 방향으로 선교지 교회화를 성취시킴으로 선교사들의 현지 교회화의 기본 과제를 성취시켜 나가야 할 것이다.

이때 선교지 교회의 모습이 우리가 생각하는 것과 다르고 이상한 느낌이 들더라도 선교지 현지 교회에 적합하게 정착된 교회의 모습이라는 사실을 인식하는 것이 선교지 교회화의 첫 걸음이 된다. 따라서 선교사가 선교지 교회의 모습을 있는 그대로 수용하면서 좀 더 성경적인 교회로 어떻게 변화해야 되겠는지에 대한 연구를 계속하여야 한다. 이는 지상에 있는 교회는 성경과 100% 동일한 교회가 되기 어려운 것은 인간은 흠이 많은 죄인들이라는 약점을 가지고 있기 때문이다. 따라서 어떤 교회도 교만한 자세를 취하는 것은 잘못된 길로 갈 확률이 많게 되고, 다른 교회만 비판하는 교회도 이단으로 갈 위험성이 도를 넘었다고 할 것이다.

그러면 어느 정도는 수용하고 어느 정도는 거부하는 태도를 취해야 할까라는 질문이 있을 수 있겠다. 이는 정상적인 교회로 교회의 정치와 행정이 성경적으로 세워진 교회라면 3/5 이상은 그대로 수용해도 잘못이 없을 것이다. 그러나 그 속에 있는 약점이 무엇인지를 파악하지 못하면 그 선교사는 선교지 교회에 무익한 사람이 되고 나아가 선교사도 죽고 선교지 교회를 죽이는 결과를 초래하게 될 것이다.

태국교회의 치명적인 약점 중 하나는 교회의 정치와 행정이 성경이 보여 주는 직분을 따른 제도를 가지고 있지 않는 점이다.

성경은 통상 목사, 장로, 집사의 직분이 있음을 보여 주고 있기에 교회들이 이런 직분을 임명하여 주님의 일을 하도록 하고 있다. 그런데 이 직분에 따른 회의는 없다. 장로의 일과 집사의 일은 엄연히 구분된다. 그렇다면 장로들의 회의가 필요하고 집사들의 회의가 필요하기에 당회가 있고 제직회의가 있어야 마땅하다. 그런데 태국의 장자 교단인 태국기독교총회 교회들은 두 가지 회의가 있지 않고 하나의 회의로 교회를 운영해 나가고 있는 실정이다. 사실 장로와 집사의 직분이 동등하다는 말이 되며 두 직분이 다를 바 없다는 뜻으로 해석되기 때문에 성경의 교훈과 배치되고 있는 것이다.

또한 목회자를 목사, 준목, 강도사 등으로 구분하고는 있으나 모두 다 교회의 담임 목회자가 될 수 있고, 성례도 집행하고 목사와 동일한 교회 정치와 행정을 담당하고 있는 실정이다. 이는 목사의 권위를 존중하는 일을 약화시키고 장로 등 목회자가 전문 목회자가 아닌 사람들도 설교와 성례를 행하는 길을 열어 놓게 되었다. 특히 치명적인 일은 교회의 당회 또는 제직회(카나 탐마낏)의 회장이 선출직이기에 주로 담임 목사 보다는 유력한 교회의 장로들 중에선 선출되는 것이 일반이어서 목사는 불교의 스님 정도의 일을 하도록 하고 있는 실정이다. 그러나 우리 한국교회 입장에서는 이런 상황이 잘못되었다고 느껴질 찌라도 목회자에게 맡기면 더욱 미숙한 교회 정치와 행정이 될 가능성이 있기 때문에 섣부르게 목회자 중심 체제로 가는 것은 아직 이른 상황으로 보여 진다.

이와 같이 선교지 교회들 속에는 우리가 취할 것이 있는가? 하면 취하면 안되는 부분도 있는 것을 잘 구분하여 선교지 교회를 유익하게 하는 일에 선교사들이 쓰여져야 한다는 말이다.

이런 선교사가 되기 위하여 선교지 교회의 상황을 제대로 이해하는 노력이 필요하고 수용해야 하는 것과 수용하면 안되는 것의 구분을 제대로 할 수 있는 수준까지 현지 교회화를 성취하여야 한다.

3. 선교지 교회화

선교사의 주 사역은 교회 개척과 성장에 관계된 사역이기에 선교지의 현지인 교회를 제대로 알아야 한다는 것은 말할 것도 없다. 뿐만 아니라 교회 개척 및 성장과 관계없는 선교사역을 전개하는 선교사도 모든 하나님의 일이 교회를 중심하여 전개되어야 하기 때문에 현지인 교회를 잘 알아야 선교지 현지 교회와 동역 할 수 있기 때문이다.

선교지 현지인 교회를 자세히 들여다보면 선교지 교회의 장점도 보이고 단점도 보이게 된다. 여기서 우리 한국교회를 제대로 파악하지 못한 선교사라면 단점 보다는 장점이 많이 보이게 되어 내가 지도할 것이 없어서 그들을 무조건 따라가는 형태의 사역을 하면서 그것이 선교지 교회에 적응된 결과로 오해하게 된다. 이 때문에 필자는 이미 선교사가 자기를 파송한 한국교회의 정체성을 확실하게 해야 선교 지에서 선교사의 일을 제대로 감당할 수 있다고 하였다.

선교지 교회들의 목회나 교회 행정에는 우리가 알지 못하는 지혜가 담겨 있는 것이다. 이를 이해하지 못하고 비판하면서 잘못된 것으로 처리한다면 앞으로 선교지 교회 개척과 육성에서 큰 실수를 할 수 밖에 없다.

예를 들어 태국의 교회는 담임 목회자를 2년 또는 5년 단위로 청빙하고 있어서 담임목사로 평생을 청빙하는 한국교회와 비교하면 어떻게 목회를 하라는 건지 의문을 갖게 한다. 여기에 태국교회의 지혜가 있는 것이다. 만약에 한국교회의 목회자 청빙의 방법이 더 좋고 효과가 있는 방법이기에 태국교회에 이를 적용한다면 담임목사 때문에 교회는 성장하지 못하고 망하는 결과를 초래하고 말 것이다. 왜냐하면 태국의 목회자는 아직 수준이 되지 않고 리더십이 서지 않기에 아무것도 모르고 리더십이 없는 지도자가 교회를 이끌어 가다가 교회가 망한다는 말이다. 그래도 한국교회는 수준 높은 목회자를 양성하였고 노회는 그 목회자의 목회를 지도하고 있어서 목회자를 통하여 올 수 있는 문제를 방지 할 수 있는 장치가 되어 있어서 평생을 목회자로 모시는 방법이 더 합리적이라고 하겠다.

현지 교회 적응을 어떻게 이룰 수 있을까?

1. 현지교회 방문을 통하여

선교지 현지인 교회를 알려면 교회다운 교회를 매 주일 방문하여 주일 또는 모든 집회에 참석하여 그 교회를 배우는 것이다. 방문자나 손님 수준의 방문이 아닌 좀 더 깊은 관계를 가지고 교회를 살펴보아야 교회를 이해하고 배우고 나의 일을 발견하게 되는 것이다.

2. 현지 교회와 단기간 동역을 통하여

현지인 교회를 방문하는 것으로는 선교지 교회를 알고 이해하고 나아가 적응하는 일에는 부족하기에 자기에게 맞는 한 교회를 선택하여 1년 정도 목회실습을 하는 것은 선교지 교회 적응에 가장 좋은 방법이 될 것이다. 목회 실습은 자신의 탤런트를 교회가 필요로 하는 분야에 활용함으로 동역 하면서 교회를 배우기도 하면서 선교지 교회의 부흥과 발전에 기여해 주는 사역이어야 한다.

3. 현지 교단의 노회와 총회 참여를 통하여

현지 교단의 노회와 총회는 열심히 참석하되 자신이 직접 교회 정치에 뛰어들 필요는 없다는 사실을 명심해야 한다. 왜냐하면 정치는 항상 적이 있기 마련이기에 이런 정치에 참여하면 선교사의 사역이 반쪽 날 수도 있다는 염려 때문이다. 혹시 어떤 선교사는 자신의 정치 참여를 정당화하기 위하여 그 곳에 들어가야 무엇을 고칠 수 있다고 생각할 수 있으나, 자기의 능력을 인정받게 되면 정치적인 방법이 아닌 다른 지도력을 통하여 충분히 영향력을 발휘 할 수 있기 때문이다.

4. 현지 교회들의 연합 집회에 열심히 참여하여

선교사가 선교 지에 도착하면 선교지 교회들의 무슨 집회이든지 결혼식, 장례식, 축하식 할 것 없이 가면 안되는 것을 제외하고는 무조건 참석하여 그들이 하는 것을 보고 듣고 배우는 기회로 삼아야 한다. 좀 더 늙어지면 게을러서 가고 싶으나 갈 수 없는 때가 오기 때문이며, 좀 더 어렸을 때, 무얼 모를 때 열심히 쫓아다니라는 말이다,.

5. 현지 교회와 지도자들을 위해 같이 일을 하면서 현지 교회화가 더욱 성숙된다.

원래 같이 일을 하지 않으면 배울 수 있는 길이 없다. 한국인들끼리도 마찬가지이다. 이제 온 선교사는 먼저 온 선교사의 일을 돕는 중에 자신이 해야 하는 일을 습득하게 된다.

그러나 한국 선교사들은 이런 배움을 무시하고 독자적으로 생땅을 파야 진짜 선교를 하는 사람이라는 그릇된 생각을 가지고 있어서 새로 시작하지 않아도 되는 선교 사역을 기초부터 기어 올라가는 것을 본다.

어떤 신임 선교사는 내가 이미 저술한 "태국선교 길잡이"(대한예수교장로회 총회 출판국)라는 책을 읽고 태국을 다 알 것 같다고 하여 그렇게는 생각지 말고 선교지에서 생 땅만 파지 않는다면 그 책의 의무를 다했다고 답하였다.

한인 선배 선교사의 하는 것을 보고 선교를 배우는 것처럼 현지 지도자들과 함께 사역함으로 나의 선교지 교회화가 보다 쉽게 성취 된다는 사실을 알고 이런 방법을 통하여 자신을 태국의 교인, 목회자, 지도자의 모습을 갖출 수 있기를 기대한다.

4. 선교지 교회를 따름과 인도

선교사가 선교지에 도착하면 선교지의 기존 교단, 단체, 교회들과 함께 선교 사역을 전개하게 되어 있다. 자기 혼자서 독단적으로 하는 선교 사역은 현지 교회를 해치기도 하고 물의를 일으키고, 별 효과를 거두지 못하게 되어 있다.

각 나라의 교회는 자기들만의 역사적인 교회의 전통을 지니고 있다. 이는 그 나라의 문화와 풍습과 밀접한 관계를 가지고 있다. 이런 선교지 교회의 문화와 풍습은 선교사가 손댈 사항은 아니다. 그러나 그 속에 비 성경적인 요소가 있을 수 있는데 선교사는 기회가 되면 이를 바로 잡아 주는 일을 하게 된다.

이러기 위하여 선교사들은 선교지 교회를 바로 알아야 한다.

통상 본토인들은 역사와 전통이 있는 자기들의 교회 풍습의 잘, 잘못을 잘 파악하지 못 할 수 있으나 외지에서 들어온 선교사의 눈에 는 더 잘 보일 수 있다.

선교사의 리더십이 선교지 교회에 영향을 끼치는 단계에 이르면 선교지 교회를 따르는 상황에서 선교지 교회를 바르게 이끄는 리더십을 발휘하여 선교지 교회로 하여금 성경적인 교회가 되게 하는 일에 영향력을 발휘해 줄 수 있다.

1. 선교지 교회를 따름

선교사가 선교지에 도착하면 자연 선교지 교회를 배우고 따라야 한다. 그러기 위하여 선교지 교회와 깊은 관계를 맺고 모든 분야에서 교회를 샅샅이 살펴보면서 배우고 따르는 모습을 가져야 한다.

이런 단계에서는 선교지 교회가 가지고 있는 제 방면에 숨겨져 있는 깊은 뜻을 발견해야 한다. 선교지 교회가 가지고 있는 모든 것의 뒷 배경이 보이는 것 보다 더 중요한 요소이기 때문이다.

그리고 선교지 교회의 성경적인 모습은 열심히 따르면서 더 발전시킬 요소를 찾을 수 있다. 그러나 성경적이지 못한 요소는 어떻게 바로 잡을 수 있을까? 를 계속적으로 생각하면 어느 땐가는 이를 교정해 줄 수 있는 기회도 오게 될 것이다.

이런 중에 선교사가 따르기 보다는 고쳐야 하는 것을 발견하게 되기에 후에 선교지 교회에 리더십을 발휘할 수 있는 단계에 이를 때 선교지 교회를 위하여 일 해주는 기회가 주어지는 것이다.

2, 선교지 교회를 인도함

선교지 교회들을 살펴보며, 배우며 동화되는 과정에서 비 성경적이고 교회성장을 방해하는 요소들을 자연스럽게 발견하게 될 수 있는데 이런 문제를 선교지 교회 내에서 선교사의 리더십이 발휘 될 때에 교정해 줌으로 좀 더 성경적이고 교회성장에 더욱 기여하는 기회를 얻음으로 선교지 교회를 인도해 주는 선교사로 사역 할 수 있게 된다.

선교지 교회들이 성장하지 않거나 비 성경적인 교회의 모습이나 그런 형태를 가지고 있을 때 이를 치료해 주는 사역이 바로 선교사로 파송 받아 선교지 교회를 섬기는 선교사들의 할 일이라는 사실을 알아야 한다.

이런 모든 일은 나의 능력을 의지하지 말고 성령의 인도하심을 받아야 하고 겸손한 자세로 그들에게 다가가야 이런 도와주는 일을 성공적으로 감당하게 될 뿐만 아니라 그것을 치료해 줄 수 있는 것이다.

그렇기에 이 과정에서 현지인과 다툼이나 논쟁이 되어서는 안된다는 사실을 기억하지 않으면 이것도 저것도 안 풀리는 결과를 가져오게 된다.

5. 선교지 교회에 유익한 선교사

선교사가 선교지 교회에서 어떤 유익을 주지 못한다면 그의 선교지 파송이 잘못된 것임을 알아야 한다. 하나님은 무모하게 선교사를 파송하지 않기 때문이다. 그러나 사람은 간혹 무모한 짓을 저지르기도 한다.

정말로 하나님의 선택에 의하여 선교사가 되었고, 성령에 순종하는 교회가 그를 선교사로 파송 하였다면, 그 선교사에게는 선교지 교회를 유익하게 할 수 있는 많은 요소들을 가지고 있게 된다.

여기에 선교사의 친화력은 현지인과 가까이 그리고 친구처럼, 형제처럼 사귀면서 그 선교사가 가지고 있는 선교지를 유익하게 할 요소들을 활용하는 기회가 주어질 것이다.

사실 이런 요소는 무슨 큰 것도, 위대한 것도 아닌 극히 평범한 것이지만 그들에게는 없는 것이기 정말로 필요한 것으로 선교지 교회를 도와주게 되는 것이다.

나는 찬송을 좋아하는 평범한 사람이다.

그러나 나의 이런 평범한 것이 태국교회 개척과 성장에 크게 작용하게 된 것은 태국은 불교국이어서 찬송이 약한 동네였기 때문이다. 교회를 개척하게 될 때 마침 음악을 전공한 반주자와 팀이 되어 선교지 교회 개척과 성장에 크게 기여를 하였다. 이런 평범한 것이 전문가의 사역보다 앞서 가도록 후원해 주신 하나님께 감사할 따름이다. 이로 인하여 선교지에서는 음악 전문가처럼 활용 되었다. 나아가 우리들에게 필요한 찬송가책을 발간하여 우리 교단 교회들의 예배를 더 풍성하게 하는 일도 하게 되었다.

나의 이런 사역은 고향 교회 어린이, 청소년 시절에 충실한 교회 생활과 성가대 및 지휘자로 활동을 하면서 자연스럽게 쌓여진 탤런트 덕분이며 신학교 학생 시절 어린이 주일학교 성가대 지휘자로 그리고 교회 예배 찬송 지휘자로 활동한 경험이 이렇게 크게 사용 될지는 나 자신도 예상하지 못하였으나 하나님은 나를 이렇게 쓰시려고 미리 기회와 경험을 쌓게 해 주셨다고 생각한다.

6. 선교지 교회에서의 선교사의 리더십

선교지에서 상당기간 현지인들과 선교사역을 감당하다 보면 자연 선교사의 지도력이 나타나게 되어 있다. 원래 선교사는 바울과 같은 존재였기에 이런 현상은 자연스럽게 오는 것이다. 이런 상황이 오지 않는 선교사라면 혹시 하나님께서 선교사로 부르시지 않으셨기에 나타나는 현상일 수도 있다. 선교사에게는 자연 현지인을 인도 할 수 있는 자격을 갖추었다고 보기 때문이다.

이런 선교사의 지도자적 자격은 여러 면에서 나타난다.

1. 인격적인 면에서

그리스도를 닮은 고매한 인격은 선교지 현지인들로 하여금 존경 하게 하고 따르게 하는 선교사의 기본 자격이다.

바울은 "내가 낮은 데나 높은 데에 처할 줄"안다고 고백하여 선교사로서 선교지에 영향력을 끼치고 있음을 우리에게 알려 주었다.

선교사가 선교지 사역을 감당하는 중에 선교지 사람들과 한 풀이 되고 그들에게 보여 줄 수 있는 영적 인격이야 말로 그리스도의 복음 다음으로 선교지에 필요한 것으로써 가르침과 행함이 같이 가고 있는 하나님의 종의 모습을 보여 주는 것이다.

2. 신앙적인 면에서

선교사의 믿음은 선교지 교회에 막대한 영향을 끼친다.

자유주의 신앙은 세상적이며 비정상적인 기독교인을 만들고, 성경적이고 보수적인 신앙은 신실한 기독교인과 주의 종을 만든다. 이로써 선교지 교회는 부흥되어 온 것이 역사가 증언하고 있다.

3. 지식적인 면에서

하나님의 말씀을 선교지 현지인들 보다 더 많이 아는 것 또한 선교사의 자격이요 지도력의 근원이 된다.

주께서 베드로를 선교사로 선택하지 않고 바울을 선교사로 선택하여 파송한 것을 보면 선교사는 선교지 사람들보다 모든 면에서 좀 더 우월한 사람이 되어 그들에게 줄 것이 있는 사람, 능력의 사람이 되어야 함을 보여주고 있다. 따라서 선교사로 부름 받은 사람은 지식적인 면에서도 선교지에서 신학석사 수준의 학생들에게 가르칠 수 있는 수준을 유지하여야 그들에게 영향력을 끼치는 지도력을 발휘해 줄 수 있을 것이다.

4. 사역적인 면에서

선교지의 일군들은 선교사들보다 주의 일에 열심이 부족하게 보인다. 주님의 일을 잘 알지 못하여, 무엇을 어떻게 해야 할 줄을 몰라서 그런 면도 있으나, 믿음의 확신이 없고, 주님의 일이 무엇인지에 대한 이해 부족의 원인도 있는 합병중 환자의 증상을 보이고 있다.

따라서 선교사는 이들 사이에서 이들이 열심으로 주님의 일을 할 수 있도록 끌어 주어야 한다. 그리고 주의 일 하는 방법을 가르쳐 주고, 보여 주고,

훈련시켜 주어야 한다. 이들을 우리들이 하는 것을 보고 배우도록 버려두면 그냥 그 자리에 있기 때문이다.

나의 경험으로는 선교지 지도자들에게 무얼 가르쳐 주면 그것만 겨우 감당하고 그걸 기반으로 다른 것은 개발하지 못하고 있는 모습을 발견한다. 이런 상황이면 그는 발전이라는 것은 없고 현상 유지하다가 결국 파산하는 것이다.

많이 보고 듣고 배운 바는 있어서 다른 사람들에게 폼은 잡기도하고 그들이 높게 보기도 하지 만은 결국 우리 것으로 연명하다가 가진 것이 떨어지면 더 이상 나가지 못하는 상황을 보면서, 그래서 교회 성장이 안되는 것이다 라는 생각이 든다.

5. 권능적인 면에서

선교사는 권능의 사람이 되어야 한다. 이 권능은 영적 지도자에게는 필수적인 요소이다. 모든 사도들이 하나님의 권능을 힘입어 말씀을 전할 때, 기도 할 때, 사역 할 때 수시로 성령의 권능이 나타났다. 이로써 이들의 지도력에 힘이 있었다. 이는 하나님이 함께하시는 증표가 된다.

선교사가 선교지에 오래 있다 보면 자연 선교사에게서 선교 현지 교회에 리더십이 나타나야 한다. 이것이 정상적인 선교적 상황이다. 이를 위해 하나님과 아주 가까이하는 삶을 통하여 성령의 역사가 충만하여 말씀을 전할 때든지 일을 할 때든지 하나님의 능력을 다른 사람들에게 보여 줌으로 하나님의 사람임을 확증할 수 있도록 할 것이다.

제7장

선교사의
본국 귀환 및
재 정착

복음을 전하는 사역은 주님 오시는 날까지 미완성의 과제로 남게 될 것이다. 그러나 선교사가 선교지에서 주어진 양의 선교 사역을 마치면 자신을 선교사로 파송한 본국으로 돌아가게 된다. 예수님도 이 세상의 구속 사역을 마친 후 다시 천국으로 돌아가셨다.

하나님의 창조 받은 모든 만물은 이런 회귀 본능을 가지고 있다.
사람은 이 세상의 모든 일을 마치면 하나님의 부르심을 받아 하나님의 나라로 되돌아가는 것이 정상적인 과정이다. 그런데 하나님의 뜻대로 살며 일하지 못한 사람은 하나님의 나라로 가지 못하고 지옥으로 떨어지게 된다고 성경은 가르치고 있다.

그러나 선교지의 상황에 의하여 또는 본국의 형편에 의하여 본국으로 돌아 갈 수 없는 상황이 선교사에게 전개되기도 한다. 선교사가 선교사역을 다 마쳤음에도 불구하고 본국으로 돌아가지 못하는 상황은 선교사의 문제라기보다는 본국 교회의 무책임의 문제라고 본다.

사람 뿐 아니라 하나님께서 창조하신 모든 동물과 새와 물고기 등은 자기가 태어난 곳으로 돌아오는 회귀 본능을 가지고 있는 것은 우리 인간과 다를 바가 없다.

그간 세계 선교에 열심을 보였던 한국교회는 파송받아 선교사역을 완수하고 돌아오는 선교사들을 맞아 평안한 삶이 되게 하고 노년에 본국 교회에서 소일하며 재미있게 살다가 하나님의 부르심을 받을 수 있도록 뒷바라지를 하는 일에 최선한 노력을 경주 할 일이다. 이것이 세계선교를 막음하는 정당한 방법이다.

선교사를 파송한 교회는 그 선교사의 최후를 책임질 수 있는 모습을 보인다면 선교사는 선교지를 완전히 떠나 본국으로 돌아가 영, 육간의 치유를 받으며 본국에서 잠들고자 할 것이다.

그러나 한국교회는 열정 하나로 선교사를 파송하고 지원한 까닭에 대부분 선교사의 마지막을 책임질 수 있는 여유는 가지고 있지 않아 이런 준비는 되어있지 않은 것이 사실이어서 선교사 자신이 알아서 마지막을 준비하는 상황에 처해 있는 것이 안타깝기만 하다

따라서 한국교회는 파송한 선교사가 일을 마치고 돌아올 때에 어느 정도 만족할 만한 환경을 준비해 준다면 대부분의 선교사들이 현지 사역을 마친 후 자연 어디로 갈 것인가에 대하여 방황하지 않고 본국 귀환을 결정하게 될 것이다. 그리고 선교지에서 돌아온 선교사가 후원한 교회에서 더 많은 선교적인 활동에 도움을 줄 수 있을 것이다. 선교사를 파송한 교회들이 선교사를 위한 집을 하나씩 마련해 준다면 선교사역을 마친 선교사가 얼마나 감사하게 생각하겠으며 하나님께서도 기뻐하실 일이라 하겠다. 그러나 오늘날의 한국교회는 자기 먹고 살기에 바빠서 가까운 이웃을 배려할 수 있는 정신적 여유가 없는 소아기적 병을 앓고 있다고 하겠다.

이런 측면에서 한국교회는 천국에서 선교 문제 때문에 하나님 앞에서 자랑스럽기보다는 부끄러움을 당할 수 있는 형편이다.

1. 선교사의 선교지 사역 완수

통상 선교지의 사역은 성격상 미완성으로 마칠 수밖에 없는 사역이다.

그러나 선교사는 정년이 있기 때문에 설혹 선교지를 떠나지 않는다 해도 사역을 정리해야 하는 때가 분명하게 있다.

선교사가 자신의 사역을 잘 마감하고 선교지를 떠나는 일을 선교적인 문자를 사용하기를 즐기는 사람은 "출구 전략"이라고 한다. 그런데 이 출구 전략이라는 것은 사역을 마칠 때쯤 말하는 것은 늦어도 보통 늦은 것이 아니다. 이런 출구 전략은 사역을 시작할 때 같이 시작하지 않으면 출구 전략은 실패하여 어떻게 할 수 없는 상황에 도달하기 때문이다.

그래서 선교전략이란 것이 우리에게 필요했다.

그러나 한국교회는 사실 이 선교전략이란 것이 없는 것이나 마찬가지이다. 아무것도 모르는 부모를 둔 자녀들이 알아서 자기 길을 개척해 나가야 하는 것 같은 선교 형태가 바로 한국교회의 선교 형태이다. 이것 때문에 선교사들이 얼마나 편했는지 모른다. 모르니까 간섭을 하지 않으니 좋았다. 그래서 선교지에서 맨손으로 맨땅을 파야 하는 것 같은 선교사역을 감당해 온 선교사들에게 무조건 잘한다고 칭찬을 아끼지 않았다. 그러나 선교를 제대로 하는 사람은 이런 상황이 얼마나 아쉬웠을까? 를 생각해 보아야 한다.

나의 선교사역을 무리 없이 마치기 위하여 "네비우스 선교전략"을 활용하였다면 자연스럽게 선교사역을 마칠 수 있었을 것이다.

선교사와 선교 현지 사역의 관계에서 선교비는 중요한 위치를 차지한다. 선교사역을 마칠 때가 되었는데 재정적인 자립이 되지 않는다면 이 사역을 마치기 어려운 상황이 된다.

이런 재정관계는 시작할 때부터 현지인에게 맞는 자립하는 방법을 연구하고 실천하여 자연스럽게 선교 사역이 완성되도록 해야 한다는 말이다.

필자는 이 재정적 자립을 위하여 교회개척 시부터 현지인 목회자와 내가 같이 투자하는 방식이라고 하여 선교사가 모든 재정을 책임지지 않고 현지인 동역자도 힘껏 책임지도록 하고 목회자는 목회하는 교회가 모든 것을 책임지는 것이지 선교사가 먹여 살려서는 안된다고 가르쳤다. 그리고 그 교회가 감당하지 못하는 재정을 헌금 형식으로 그 교회에 헌금해 주고 재정을 자립하도록 지도한 것이다.

선교사가 돈을 가지고 현지인에게 직접 주면서 현지인을 통제하는 것은 그 돈이 보일 때는 좋으나 선교사의 돈이 보이지 않으면 현지인은 즉시 그 선교사의 통제에서 벗어나게 되어 있다.

선교사가 돈을 가지고 현지인을 이렇게 통제하는 것은 마치 동물원에서 동물 사육사가 그 동물이 재주를 부리고 돌아 오면 즉시 먹이를 주어서 격려하면서 통제하는 동물 통제 방식이어서 주의 종인 현지인을 동물처럼 통제하는 선교사가 되어서는 않된다는 말이다.

그러나 많은 선교사들은 선교비를 자신의 힘과 권력으로 사용하여 자신의 지도력으로 사용하고 있어서 그가 떠나면 그가 이룩한 사역으로 남지 않을 가능성이 많다는 말이다.

필자가 처음으로 안식년을 취할 때 나의 선교 사역을 지도해온 태국교회 지도자들이 정선교사가 감당해온 선교사역이 안식년 기간 동안 어떻게 변화될 것인가? 염려를 한 것 같다.

그러나 처음부터 네비우스 선교정책으로 현지인 교회를 개척하고 육성하였기에 자립하는 형태를 유지하고 있어서 특별히 염려되는 문제가 발생하지 않은 것을 보고 일을 잘 해 주었다는 칭찬을 들은바 있다.

후배 선교사들에게 날마다 이런 이야기를 하였으나 귀담아 듣는 모습은 보이지 않았다. 때문에 사역의 연수도 많고 선교 경험도 많아 후에 온 선교사들과 선교적인 수준이 다른 관계로 이들이 나의 선교적 훈수를 한참 동안 이해하지 못하다가 후에 현지인에게 당하고 나서 그 말을 이해하는 것을 보았다.

2. 선교사의 본국 귀환

하나님의 지음을 받은 동물, 물고기, 인간들은 그가 태어난 곳을 중시하고 흠모하며 살게 되어 있다. 그리고 때가 되면 그곳으로 되돌아가는 성질인 회귀 본능을 가지고 있다.

사람은 하나님에게서 왔기에 이 세상의 일을 마치면 자연 하나님께 돌아가는 것이 정상이다. 그러나 이 세상을 비정상적으로 살다 보면 영적 치매 현상으로 말미암아 본향을 찾지 못하고 곁길로 빠지게 되는데 그곳은 지옥이다.

예수님도 하나님으로부터 이 세상에 오셨고 세상에 온 임무를 다 마친 후 다시 천국으로 되돌아갔다. 이처럼 선교사들도 선교지의 일을 다 마치면 자연 본국으로 돌아가야 한다.

그러나 요즈음은 선교사들이 선교지에 그냥 주저앉는 경우가 자주 있기도 하다. 이는 본국으로 갈 형편이 되지 않은 경우가 대부분이다. 이유는 이제 본국으로 가봐야 선교지 만한 상황이 못 되는 경우가 되어 있기 때문이다. 오랫동안 선교지 사람으로 살다 보면 본국이 오히려 외국이 되는 상황이 되었기 때문이며 삶의 기반을 다시 놓아야 하는 어려움도 있고 다시 적응을 해야 하기에 감히 본국으로 돌아갈 생각을 하지 못하게 하고 더 나아가 선교지가 본국이 되어버린 상황이어서 계속 사역하면서 선교지에서 생을 마감하고자 하는 경우가 되기도 한다.

따라서 선교사의 최후는 누구의 결정에 의하기 보다는 선교사에게 주어진 상황이 선교사의 최후의 삶을 자연적으로 결정해 준다고 볼 것이다.

이런 상황에 따라 선교사의 최후는 다음 3가지로 구분해 볼 수 있다.

1. 선교사가 본국으로 돌아가 여생을 마치는 경우

선교사가 선교지에서 정년을 맞이하면 제반 사정이 선교지를 떠나야 하는 형편에 이르게 된다. 소기의 선교 사역을 다 마쳤기에 선교지를 떠나야 하는 경우이던지 아니면 정년이 되었으니 선교지 사역을 정리하고 선교지를 떠나는 경우이다.

이 경우 선교사는 선교사로 파송 받았던 본국으로 돌아가는 것이 정로이다. 그러나 이런 상황이 그리 쉽지만은 않은 상황이다.

첫째 문제는 선교사가 본국에 돌아가기 위해서는 우선 본국에 살집이 마련되어 있어야 한다.

그러나 이런 주택이 마련되어 있지 않은 선교사들이 대부분 인 것을 본다. 이런 주택을 파송 교회나 그 속한 총회가 마련해 주어야 한다. 그러나 한국교회의 상황이 은퇴 선교사에게 이런 주택을 마련해 준다는 것은 그리 쉽지 않기 때문에 본국으로 돌아갈 수 없는 상황에 처하게 된다. 따라서 선교사 파송 단체는 선교사의 이런 노후 대책을 강구해야 올바른 선교하는 교회가 될 수 있겠다.

둘째 문제는 선교지에서 너무 오래 살며 일하다 보면 본국으로 돌아 올 때 선교지 적응의 문제처럼 한국 적응에 또한 문제가 발생하게 되어 있다.

선교사들은 이미 선교지가 고향이 되어 있어서 그 곳에 그냥 있으면 한국보다 더 편한 삶을 살 수 있는 환경에 처해 있기 때문이다. 그러나 본국에 거처가 준비되어 있다면 이런 문제를 감수하고 본국으로 돌아올 확률이 가장 높다고 하겠다.

본국으로 돌아와 마지막 생을 보내게 되면 여러 가지 유익한 점이 있다.

우선 본국은 **건강보험**이 잘 되어 있다는 점이다. 선교지는 한국보다 병원의 수준이 떨어지고, 건강보험 같은 것을 거의 활용하지 않고 있기에 노년을 선교지에서 보낼 때 이 문제가 발생하게 된다.

또한 **본국의 노후 대책**이 선교지 보다 훨씬 좋은 점이다.

한국에서는 노인 우대 무료 전철 카드도 제공하고, 저 소득자에게 기초 연금도 지급해 준다. 수도권은 전철이 잘 되어 있어서 아주 편리하게 일상생활을 할 수 있다.

2. 아예 선교지에서 여생을 마치려는 경우

선교지에서 사역을 하다 보면 본국보다 선교지의 삶이 더 오래되어서 고향이 뒤바뀌는 현상이 나타나게 된다. 따라서 선교사로 정년 은퇴를 하고 선교지를 떠나기 보다는 남은 생애를 현재 주어진 삶의 여건 하에서 선교적인 일로 소일 하면서 선교지에서 살다가 생을 마치려는 선교사들이 늘고 있다.

이는 선교지가 본국보다 좋아서 그렇기 보다는 상황이 그렇기 때문에 본국 보다는 선교 현지에서 그냥 있기를 원하는 것이다.

이는 한국교회의 부족한 선교 열정이나 능력 때문에 발생한 사고이다.

선교사들은 같은 값이면 선교지 보다는 본국으로 돌아가기를 원하는 것이 본심이다. 그러나 자신이 처한 상황이 선교지에 그냥 주저앉도록 하고 있는 것이기에 선교를 한다는 한국교회가 깊이 생각하고 고쳐야 할 선교 자세라고 생각한다.

선교사가 선교지에 계속 살기로 할 때 유리한 점은 무엇일까?

선교사가 지금 살고 있는 집에 그대로 살면 된다는 것이다.

이것도 선교사가 이미 선교 현지에 자신의 주택을 구입해 놓은 상황을 염두에 두고 하는 말이다. 이런 주택이 준비되어 있지 않다면 선교지에 계속 살겠다는 결정을 하기 어렵다. 별도의 노후 준비를 해야 하는 상황이 되기 때문이다. 선교사가 현지 사역을 할 때 자신의 주택을 구입하고 선교를 시작하는 것이 지혜로운 일이다.

그리고 만약에 좀 여유가 있어서 선교지에 자기가 살 집 말고 또 하나의 쓸만한 건물을 별도로 구입해 놓았다면 이 **건물의 임대료**가 선교사의 생활비로 충분할 수도 있게 되기에 선교지에 주저앉게 하는데 큰 역할을 하게 될 것이다.

선교지는 본국보다 생활비가 저렴하다.

한국의 노인들의 부부 한달 생활비는 약 300만원으로 보고 있다. 그러나 선교지는 선교지 보통 사람으로 산다면 상당히 저렴하다고 할 것이다. 태국의 경우 월$300 정도면 식비로 서민이나 중류층으로 견딜 수 있는 상황이다.

그러나 선교사가 선교지에 계속 살기로 할 때 어려움은 무엇일까?

우선 우리나라가 아니니 무슨 비자든 **비자를 매년 받아야** 한다.

한국은 내 나라이기에 내 마음대로 거주가 가능하지만 선교지는 어떤 형태이든 그 나라의 허락을 받아야 살 수 있는 불편함이 따른다. 많은 나라가 은퇴 비자를 주고 있어서 이를 활용하고 있으나 매년 허락을 받아야 하는 번거로움이 있다. 이것도 늙으면 불편한 것이 된다.

건강과 **병원** 그리고 **경비 문제**다.

한국은 국민 건강보험이 있어서 노년에 찾아 오는 병들을 쉽게 처리 할 수 있다.

그러나 선교지에서는 이런 보험의 적용이 되지 않아서 고가의 병원비를 내야하고 또한 병원 수준도 한국만 못하여 병이 나면 한국으로 가서 병을 치료해야 하는 상황이 전개된다.

또한 선교지는 나의 조국이 아니어서 본국 생활보다 **항상 조심스럽게 살아야** 하는 점이다.

선교지는 본국이 아니니까 본토인들이 외국인을 무시할 수도 있다. 특히 태국이 그렇다. 그러나 아프리카는 선교사가 우대를 받고 산다니까 본국보다 더 좋을 수 도 있겠으나 본국만 하겠는가? 선교지에서는 억울한 일을 당해도 참아야 하는 상황이기 때문이다.

마지막으로 선교지에서 노년을 보낼 때 우리의 **추한 모습**을 좋은 인상을 받았던 현지인들에게 보여 주어야 하는 부담이다.

힘도 있고 재정도 충분 할 때 날며 뛰며 활발하게 사역하던 선교사가 현지에 쭈그리고 앉아 있는 불쌍하게 보이는 선배 선교사의 모습을 보았는가?, 또는 내가 그렇게 사는 모습을 상상해 보았는가? 이를 생각하면 선교사가 선교 사역을 마치면 단연코 선교지를 떠나야 한다고 생각한다.

3. 선교지와 고국을 오가며 여생을 마치려는 경우

선교사가 **본국**이나 **선교지**, 그리고 **미국**, **영국** 같은 지역에서 노년을 편안하게 보낼 수 있는 둥지를 틀 수 있는 상황이 마련되었다면 얼마나 소망스럽겠는가?

하나님께서 복을 많이 주셨다고 다른 선교사들이 부러워할 것이다.

이를 위해 파송 교회나, 총회나, 부모나, 형제들 또는 후원자들이 관심을 가지고 선교사의 노년에 살 수 있는 주택을 미리 마련해 주었고, 선교지에서도 선교사역을 안정적으로 감당하기 위하여 주택을 구입하였으며, 미국 같은 곳에서 후원자들을 통하여 55세전에 미국 영주권을 얻고 노년에 시민권을 획득 할 수 있는 기회가 주어 졌다면 선교사의 노후에 "오라는 데는 없어도 갈 곳은 많은" 선교사가 되어 건강이 허락하는 범위 내에서 선교지와 본국과 미국, 영국을 오가며 그곳에 있는 현지인 교회와 한풀이 되어 외로움 없이 생활하다가 하나님께서 오라면 즐겁게 가는 선교사가 되었다면 하나님께 특별히 감사하는 선교사로 생을 마칠 수 있을 것이다.

4. 선교사역을 마치면 갈 곳이 마땅치 않은 어중간한 선교사들도 있다.

우리들은 이런 선교사가 되지 않기 위하여 기도하고 노력해야 할 것이다. 주님의 일을 충성스럽게 감당하고도 하나님이 도와주는 모습을 보지 못한다면 다른 사람들에게 신앙적으로 크게 낙심하게 할 수 있기 때문이다.

이런 경우 선교사를 책할까요?,

본국 교회를 탓할까요?,

하나님을 원망할까요?

이런 상황이 오지 않기 위해 우리는 최선을 다하는 선교 사역을 하고 노년을 하나님께 맡길 수 있기를 바랄 뿐이다.

여기서 우리 **선교사들은 후원교회를 너무 의지하지 말고 하나님을 더욱 의지하여 하나님이 복 주시는 대로 살든지 죽든지 하는 믿음 좋은 사람들이 되어야 하겠다.**

인간은 죄인이고 육이 충동질하기에 은근히 누구에게 바랄 수 있어서 감사 보다는 불평이 앞서게 될 것이다.

정신없이 일하고 살 때처럼 모든 것을 잊고 오직 하나님만 바라고 앞을 향해 전처럼 계속 생의 마지막까지 가자는 말이다.

살아계신 하나님은 이런 선교사들을 어떤 방법으로든 돌보아 주실 것임을 성경이 약속하고 있기 때문이다.

지금껏 돌보아 주신 하나님이 무슨 이유로 노년에 버리시겠는가?

내일 일을 염려하지 말고 오늘만 살다 가자

여기에 우리의 살길이 있다.

3. 선교사의 한국 재 정착

선교사가 선교지의 사역을 마치고 본국으로 귀환하게 되면 선교사의 본국이지만 자연 한국 적응을 위한 재정착 작업이 필요하게 된다.

이는 일반적으로 선교사들이 선교지의 사역을 마치는 때가 되면 한국보다 선교지에서의 삶을 더 많이 살아왔기 때문이다. 따라서 선교사는 선교지가 한국보다 더 평안함과 안정을 느끼게 되고, 너무나 달라진 본국을 알고 새롭게 적응하여야 하는 상황에 처하게 된다.

우선은 거처할 집이 필요하다

주거에 필요한 집은 선교사 자신이 준비한다는 것은 요원한 문제이다. 파송 교회나 파송 단체에서 대책을 세워주지 않는다면 거처가 없어서 선교지에서 일이 다 마쳐도 자연 한국으로 돌아갈 수 없는 국제 고아의 신세를 면치 못 할 것이다. 혹시 부모니 형제들이 이를 위하여 거처할 집을 제공해 준다면 천만 다행이겠다. 파송 교회나 파송 단체는 이 문제에 손을 놓고 있는 상황이어서 진정한 선교사 파송 교회나 파송 단체의 모습을 상실하고 있기도 하다.

그러나 선교사를 위한 거처를 어떠한 방법으로라도 마련 해 보고자 하는 노력이 절실하게 요청 된다.

다음은 삶을 영위하기 위한 재정적인 문제이다.

거처가 준비되었다고 은퇴 선교사의 한국 정착의 문제가 해결 된 것 아니다. 살 수 있는 집은 있으나 먹고 살 수 있는 재정이 마련되지 않으면 안되기 때문이다.

이 문제는 선교사를 파송한 교회나 후원교회가 적은 재정일 찌라도 계속 지원해 준다면 은퇴 선교사의 본국 정착에 크게 도움이 될 것이다.

아니면 선교사의 자녀가 재정적인 문제를 책임져 준다면 얼마나 좋겠는가? 그러나 그들의 재정 상황이 부모를 책임 질 수 없다면 그것 또한 서글픈 일이다.

그 다음은 변화된 한국 사회와 교회에 적응하는 문제이다.

집이나 생활을 영위 할 수 있는 조건이 잘 갖추어 졌다고 해도 빠르게 변화하고 있는 한국 사회에 적응하는 문제는 쉬운 작업이 아니다. 뿐 아니라 변화된 한국교회에 적응한다는 것도 가벼운 일이 아니다.

선교사들은 선교지 사람이며 선교지 교회에 적응되어 있어서 이제 선교지와 상당히 다른 본국 사회와 교회에 적응하고 다시 정착한다는 것은 선교사가 본국을 떠나 선교지에 정착할 때와 별 다름이 없다고 보여진다.

이런 과정을 거치기 위하여는 전에 선교지에 정착 할 때 보다 더 많은 시간이 소요될 것으로 여겨지는데 이는 나이가 많아 적응력이 떨어지게 되기 때문이다.

한국교회는 이런 선교사가 한국 사회와 교회에 적응하는데 도움을 줄 수 있는 사회 활동과 교회 생활을 친구처럼 함께 할 수 있는 어떤 방법을 찾아

도와줌으로 최대한 짧은 기간 내에 한국에 적응하고 정착함으로 한국에서의 새로운 삶이 문제없도록 지원하여야 한다.

필자는 아직 태국선교 사역을 다 마친 상태가 아니어서 한국교회를 방문하는 경우가 적으나 태국에서 40년간 한국교회와 단절된 상황에서 태국 사람들, 태국 교회와 함께 살며 일하다가 한국 교회의 일원으로 생활하게 되는 것은 쉬운 일은 아니라고 생각한다.

한국을 떠나 선교지에 가던 때부터 나의 한국시계는 멈추었으며, 태국 속에서 살아왔기에 한국교회의 적응에 상당한 어려움이 있을 것이고, 나의 40년 전 한국교회를 떠나 왔기에 지금도 40년 전의 한국교회를 그리워하는 이유로 오늘의 새로운 환경으로 변화된 한국교회는 나와는 너무나 멀리 있기 때문이다.

4. 선교사의 본국 귀환과 파송 교회의 책임

우리는 이미 선교사의 노후의 문제를 살펴본바 있다. 선교사가 선교지의 사역을 마치면, 사실 선교 사역은 마칠 수 있는 사역이라고 보지 않는다. 선교사역은 주님 오실 때까지 계속되어야 하는 "미완성의 과제"이기 때문이다.

선교지 교회나 사역자들을 보면 복음 전파가 느린 이유를 쉽게 발견하게 된다. 이런 상황을 고쳐 준다는 것도 보통 어려운 일이 아니다. 선교지를 생각하다 보면 "피 선교지는 평생 피 선교지로 남게 되겠다"는 생각을 하게 한다.

선교지의 선교가 끝났든지 끝나지 않았던지 선교사는 정년이 있어서 선교지 사역을 마쳐주어야 한다. 선교사가 선교사역을 마친 후의 제 문제는 이미 언급하였다.

여기에서는 선교사가 일을 마치면 본국으로 돌아가야 한다는 전제하에 본국으로 돌아가는 선교사들이 고향에 다시 정착하고 노년을 평안하게 살다가 하나님의 부름을 받음으로 선교사의 노년을 부끄럽게 하지 말아야 한다는 생각을 하게 된다.

이는 선교사가 본국에서 최소한 삶을 유지하면서 그를 아는 사람들에게 **"하나님의 종으로 산 이 사람이 과연 하나님의 은혜로 말년이 복 되구나"** 하는 감사가 있게 해야 한다는 것이다.

선교사를 파송한 교회나 단체는 그 선교사가 본국에 돌아 올 것을 대비하여 그의 노후를 책임 질 줄 아는 신실한 하나님의 기관이 되어야 한다.

선교사역을 마치고 돌아온 선교사들에게 어떤 책임을 져야 할까? 주택과 생활에 필요한 최소한의 재정을 준비해 주어야 한다. 선교사를 파송 하고 그가 일을 마치고 돌아오면 그의 노후는 모르겠다는 태도는 하나님의 선교를 하는 사람의 자세가 아니고 신실한 주의 종의 태도도 아니기 때문이다.

많은 선교사들은 담임목사나 부목사들이 수령하던 보너스라는 돈도 받지 않고 부목사 수준의 선교비를 받고 선교지에서 살며 일 하였다. 주 파송 교회가 월$1000만 책임져도 된다는 선교단체의 실수로 선교사의 선교비 지원을 수월하게만 하였지 이 선교비로 선교지 사역이 제대로 돌아가겠는지에 대하여는 생각하지 않았다. 선교회를 만들 때는 앞으로 선교사의 노후를 선교회가 책임지기에 주 파송 교회는 선교사의 노후를 책임지지 않아도 된다고 선전하였다. 이 때문에 주 파송 교회는 원래 선교사의 장례식을 치러 주겠다는 각오를 가지고 있었으나 이런 생각을 하지 않게 하였고 선교회도 이에 대한 대책이 없이 태평한 중에 있다.

오늘날 세계 제2위의 선교 대국이라고 떠드는, 아니 비율로 보면 세계 제1의 선교 대국이라고 만족하고 그리고 교만 끼 까지 부리고 있는 한국교회는 선교적인 암병은 아닌지 살펴봐야 할 것이다.

이런 열악한 한국교회의 선교적 상황에서 선교사의 노후에 대한 대책은 무엇이어야 하나?

1. 어떠한 형태의 건물이든지 선교사가 노후에 의지 할 수 있는 집이 있어야 한다.

사실 GMS는 이에 대한 능력은 있으나 생각을 하고 있지 않기에 GMS의 노후 선교사들은 버려진 노숙자가 되어가고 있다.

GMS 주변에 돌아가고 있는 돈을 가만히 살펴보기만 해도 이 대책이 나오게 되어 있다. 그러나 이 돈을 내가 어떻게 쓸까? 만 생각하지 장래의 GMS의 선교사들의 노후를 위하여 어떻게 할까를 생각하는 사람은 아무도 없이 지금까지 왔다.

소위 GMS를 위해 일한다는 사람들이 자기 교회 돈으로 일하기보다는 선교사들의 선교비를 빼돌려 자기 배를 채우면서 선교사들에게 큰 소리를 쳐왔다. 이런 사역자들이 GMS에서 다 나가던지 죽든지 하면 GMS 선교사들의 노후는 소망이 있을 것이다.

사무총장(선교총무)은 동료 선교사들의 장래는 안중에 없고 자기만 살기 위하여 발버둥 쳤다.

2. 어떠한 형태로든지 노후 선교사의 생활비 대책이 있어야 한다.

만약에 어떤 사람이 내가 GMS 선교회 이사장이 되었으니 우리교회의 능력을 총 동원하여 선교사 노후에 도움이 되는 어떤 일을 하나 하겠다고 생각하고 이사장이 되었다면 그는 어떤 일을 하나쯤 만들어 놓고 나갈 수 있었다. 그런데 그런 비전과 희생적인 이사장은 없었기에 선교사는 파송 할 줄 알았지만 그가 일을 마치고 돌아왔을 때 허전함을 메울 길이 없게 된 것이다.

하나님이 보낸 선교사가 굶어 죽지 않는다는 확신이 선교사들에게 있다. 그러나 선교사를 파송하는 교회는 그 선교사의 노후에 대하여 자신 이상으로 염려하고 그 대책을 조금씩 세웠더라면 오늘의 문제는 발생하지 않았을 것이다.

사실 담임목사가 이런 일을 하지 않았다. 교인들에게 말만 했으면, 비전만 제시했다면 책임 질 숨은 동역자들이 많이 있다. 그들에게 하나님께서 원하시고 좋아하시는 선교사의 노후 문제를 제시하지 않은 책임 질 사람들의 큰 잘못이라고 하겠다. 총회 선교를 이렇게 망쳐 놓고도 자기 배만 생각하는 하나님의 종이야 말로 삯군 목자라 할 것이다.

그런 능력이나 비전이 없는 사람은 GMS 이사장이나 이사가 되겠다는 생각을 하지 않았어야 한다. 그 자리는 GMS의 돈을 쓰는 자리가 아니라 자기 돈을 들여 선교사들에게 도움이 되는 일을 하는 사람이 앉아야 되는 자리이기 때문이다.

이 일 때문에 한국교회는, 한국교회의 선교한다는 목회자들은 하나님 앞에서 큰 책망을 받을 것이다.

Epilogue
마치는 말

태국 선교를 40년간 열심히 감당하고 보니 서양의 선배 선교사들이 경험했던 그리고 지금은 선교 원리라고 부르는 그것이 내 속에 쌓이는 것 같았다. 그것도 한국적인 선교 원리로 말이다.

1. 결론

선교사의 선교지 정착은 바른 선교를 하게하고 성공적인 선교사역으로 마무리 하도록 하는데 있는데 본 연구를 통하여 선교지 정착을 이룬 선교사에게 나타나는 현상은 다음과 같이 발견 하였다.

첫째 선교지에 대한 포괄적인 이해가 있게 된다.

이는 선교지를 다 알고 있는 것은 아나나 현지인들처럼 선교지를 다 알고 있는 사람처럼 되는 현상이다. 누구도 자기 나라의 곳곳을 다 가보았거나, 다 아는 사람은 없다. 그러나 자기 나라를 다 알고 있는 사람처럼 된다. 따라서 선교지에서 일어나는 모든 상황에 대한 이해와 대책이 있게 된다.

둘째 선교지의 제반 문제가 보이기 시작한다.

선교지를 알다 보면 자연 그 속에 있는 크고 작은 문제들이 보이게 된다. 그리고 그 문제에 대한 해답을 내 놓는 수준에 도달한다. 문제만 보이면 안 된다. 그 문제의 해결책이 나와야 한다. 선교지에 정착된 선교사에게는 문제의 본질과 이에 대한 해결책도 내 놓을 수 있는 수준이 된다는 말이다.

문제는 발견했는데 그에 대한 해결책이 나오지 않는 사람은 아직 현지 정착이 제대로 성취되지 않은 사람의 증표이다.

셋째 선교지에 대한 비전을 보게 된다.

선교지 정착을 이루다 보면 선교지에 대한 어떤 비전들이 보이기 시작하는 것이다. 이런 비전이 보이지 않으면 선교사의 사역을 감당 할 일이 없게 된다. 선교사는 이 비전을 보고 힘을 내는 것이다. 무슨 일이든 보이는 것이 없으면 소망이 없고 절망에 떨어지게 된다. 이것이 선교사로 하여금 선교지에서 평생을 살게 하는 자산이 된다. 이 비전이 끝나는 날 선교사는 그 땅을 떠나야 한다. 그리고 새로운 땅 새로운 비전을 가지고 나아가게 된다.

넷째 선교지에서 무슨 문제에 봉착하면 그에 대한 대책이 나오게 된다.

선교지에서 선교사는 수 많은 문제에 봉착하는 것은 자연스러운 현상이다. 그러나 이 문제에 대한 대책이 나오기 때문에 그 문제가 문제로 남지 않는다. 그러나 선교지 정착을 이루지 못한 사람은 선교지에서 어떤 문제를 당하면 그 구덩이에서 빠져 나오기가 어렵고, 끝내 빠져 나오지 못할 수도 있다.

이런 상황이 바로 선교지 정착과 아직 정착되지 못한 사람의 차이라 하겠다.

따라서 선교사는 선교지 정착이 자신의 생명으로 알고 힘써 선교지 정착을 이룩한 후 선교 사역을 감당함으로 좀 더 수월하게 선교 사역을 전개 할 수 있기 바란다.

2. 제안

본 연구를 통하여 얻은 결론으로 한국교회와 한국인 선교사들에게 다음과 같이 제안한다.

첫째 선교지 마다 선교사 훈련원을 개설하여 선교지에 도착하는 모든 선교사들이 언어 훈련과 함께 선교사가 선교지에 정착 할 수 있는 프로그램을 개설하고 운영하기를 바란다.

한국의 어떤 선교 단체도 선교지에 도착한 선교사의 선교지 정착을 위한 선교사 훈련원은 운영하지 않고 있다. 선교사 자신이 알아서 선교지 언어학교에 1-2년 다니는 것과 자기와 비슷한 선교사들의 이야기를 듣고 수준이 되지 않는 선교 상황을 기반으로 선교 계획을 세우고 선교사역을 시작하는 일이 일반이다.

한국교회가 이런 상황을 계속 유기한다면 장래 한국교회는 선교 대란을 맞이하게 될 것이다.

이런 프로그램은 모든 교파와 단체가 공동으로 1개국에 1개의 훈련원을 기본으로 개설하여 운영하면서 자기들이 필요한 것을 별도로 첨부 시키는 방법으로 운영해 나갈 수 있을 것이다. 또한 지역이 넓은 선교지는 그에 따른 분원 형태로 개설하여 운영한다면 은퇴선교사들에게도 좋은 사역지가 될 것이다.

둘째 선교사가 안식년을 다녀오면 다시 이런 훈련 프로그램이 참여하도록 하여 안식년 기간 중의 갭을 최소한으로 줄이도록 한다.

선교지 언어를 잘 구사하는 사람일수록 선교지를 1개월 이상 떠나 있다가 다시 선교지로 돌아오면 선교지 현지 언어구사에 이상이 생기게 되어 있다.

또한 선교 현지에서도 한국인들과 자주 만나 한국어를 구사하다 보면 선교지 언어에 이상이 생긴다. 따라서 선교지에서도 가능하면 선교지 언어만 사용하는 것이 선교사의 선교지 정착을 돕는 동작이 된다.

아울러 선교지에 있는 한인교회도 교인들에게 선교 현지어를 가르치고 훈련하여 년 1, 2회 선교지 언어로 예배를 드림으로 한인 디아스포라 교회가 선교지의 선교적 사명을 고취한다면 더욱 의미가 있을 것이며, 교인들의 현지 활동과 사업을 간접적으로 지원하는 것이 될 것이다.

셋째 안식년을 취하지 않는 선교사 일지라도 정기적으로 이런 훈련 프로그램에 참여시킴으로 변화하는 선교지를 제대로 따라 잡을 수 있게 하고 이끌어 갈 수 있는 지도자가 되게 한다.

안식년을 취하지 않는 선교사도 정기적으로 선교지 정착에 유익한 프로그램에 참여 시켜 선교지 정착을 더욱 강화하는 일을 계속 할 때 선교지 모든 선교사들이 선교지에 바르게 정착한 모습으로 예수님처럼 또는 바울처럼 주어진 선교 밋션을 다 수행하고 하나님께 부름을 받을 수 있을 것이다.

정승회선교사 태국선교 약사

대한예수교장로회 총회는 1956년에 최찬영, 김순일목사를 태국 CCT 총회에 파송 하면서 태국선교를 시작하였고 약 20여년간 사역 후 철수하였으며 분열된 예장 총회는 약 10여년간 선교사를 파송하지 못하다가 1979년에 예장 합동총회가 정승회선교사를 EFT 연맹에 파송하면서 태국선교를 재개함과 동시에 예장 통합총회가 1987년에 조준형선교사를 CCT 총회에 파송하면서 그간 단절되었던 대한예수교장로회 총회의 태국선교를 계속하여 현재에 이르고 있다.

정승회선교사는 1980년 태국에 駐泰國 韓國長老敎宣敎部(KPM)를 설립하고 선교사 비자 20개를 허락 받았으며 정부의 육성 자금을 지원 받으면서 완벽한 선교단체의 기반을 구축하고 교회개척 육성사업과 교역자 교육 훈련 등의 신학교 사역을 주 사역으로 2019년 현재 41년째 사역해 오고 있는데 정승회선교사의 선교약사는 다음과 같다.

1978년 9월 26일 대한예수교장로회 제63회 총회에서 태국주재 선교사로 인준을 받다.

1979년 12월 27일 왕십리교회(서재신목사)를 주 후원교회로 태국 선교사로 파송받아 태국에 도착하다.

전주지역 태국선교후원회 조직(이은익목사), 부산주례교회 선교후원 시작하다.

1980년

태국교회진흥원(Thailand Church Growth Committee) 고문 취임(1988년까지) 사역(한국교회성장세미나 지원 및 개척교회 지원)
주태 한국장로교선교부(The Korea Presbyterian Mission in Thailand) 태국현지에 설립하여 대표로 사역
태국어 국가고시 합격(12월, 정승회, 김영숙선교사)

1981년

방콕에 까우타이교회 개척 설립(4월/정승회목사/쏨뺑전도사/이전)
방콕 람인트라 경찰비행단 관사에 어린이 여름성경학교 개설(2년)
반 크렁부아 초등학교 내에서 여름어린이성경학교를 개설(2년)
신학생장학사업 및 주말, 방학 훈련 실시(3개 신학교 학생 50여명)
쁘라차니웻 서민 아파트촌 어린이 주일학교 개설 운영(쁘라씻전도사)
김영숙선교사 세계한국선교사회 부회장 피선(2년),
태국복음주의연맹체 내의 사회개발부 부회장으로 캄보디아 난민촌 사역 협력
제2회 세계한국선교사회의 방콕대회 준비위원장 사역
KPM 선교부 고문단 구성
(짜란목사/쏨디박사/위치엔박사/분크렁목사/쌈릿목사/디렉박사/쁘라차 목사/씰라웻목사/모리모또선교사/쏨낏장로/수라폰목사/티라목사/싸앗목

사/참난목사/아누선장로/깐짜나의사 등)

1982년

중태 수판부리도 단창교회 개척 설립 (분깬강도사)

쁘라차니웻교회 개척 설립 (정승회목사/쏨뺑전도사/이전)

정인희 단기 음악선교사 초청 사역(피아노 교습)

김영숙선교사 총회선교사(최초 여성선교사) 인준 받다.

1983년

동북부 지역 태국기독교총회(CCT) 제13노회(우돈지역)의 초급교역자 과정
을 설립 운영(2년) 및 교회개척사업 지원,

라오스 난민촌 사역을 직, 간접으로 지원

한국 총회(GAPCK)와 태국기독교총회(CCT)의 선교협력관계 수립(KIM의
방해로 6개월만에 축출)

기독교지체부자유자선교회를 창립하고 부회장으로 2년간 봉직

1984년

북부 매쑤웨이면 산족교회(라후족/수찻전도사)개척에 착수 (현재 아카족
까지 확대하였으며 25개처 육성 중)

매쑤웨이 반야남교회 접수 육성 (캄씽전도사)

제2회 한국세계선교사회 방콕대회 준비위원장

세계한국선교사회 부회장 피선 (2년)

황윤수(개혁), 김성곤선교사(합동)를 초청

1985년

방콕목회대학원 설립 원장 취임(4기생 수료/2004년 PTS로 이관)

태국어린이전도협회 이사 취임 (10년 사역)

람인트라 교회 개척 (쌈란전도사/피싸누전도사)

매쑤웨이교회 개척 설립 (수찻전도사 1995년에 패쇄)

북태 치앙라이 매쑤웨이면 반야남라후족교회(캄씽전도사) 접수매쑤웨이

면 후웨이타앗아카족교회 (씨짠전도사) 접수 육성

후웨이끄라아카족교회 (아체전도사)접수 육성

Miss Ho Mei Huang, Mr. Huang Yueh Huang, (대만)

Miss Joo Cheng Lim(싱가폴)선교사 영입

미국 KCM 대학생들 여름 태국 단기 선교 시작

제1회 한, 태교회성장세미나 태국 개최(웜선교회-오광수목사)

1986년

태국복음주의연맹(EFT)의 외국선교단체협의회 실행위원

제3회 태국 대 전도대회(1988년 5월 개최) 중앙위원(2년)

제2회 한, 태교회성장세미나 한국 개최

응암웅완교회 개척 설립 (아피씻강도사/폐쇄)

후웨이마깽교회 개척 설립 (짜래꺼전도사/폐쇄)

YWAM Miss Esther(홀랜드), Mr. Philip(미국),

Mr. Kerry, Mr. Glen(카나다), MissMaria(홀랜드), Mr. Norman, Rev. Edgar

(Sevants 뉴질랜드), Miss Janet(CCC 미국),

Mr. Michael (SAO 미국), Miss Moira(영국)선교사 영입

1987년

태국복음주의연맹(EFT)내의 방콕교회 협의회 위원 (2년)

EFT 전도 및 부흥 협의회 위원 (2년)

제3회 한,태교회성장세미나 태국 개최

한국지구촌선교회 선교사 전원 (김정웅,윤수길,양병화,박선진,김중식선교

사)의 비자를 KPM 비자로 지원(선교단체 추천)

북동부 러이도 빡촘교회 개척 설립 (아피쎗강도사)

치앙라이면 반아꺼교회 개척 설립 (아파전도사)

"프라니웻 람인트라"교회 개척(쌈란목사와 함께)

매쑤웨이면 반깨언교회 개척 설립 (아이쌩전도사)

"웨스트민스터 소요리문답서"(태국어판) 발간

이성호선교사, Rev. Steven, Rev. Kevin (침례교)선교사 영입, 에하라선교

사 초청

1988년

제4회 한,태교회성장세미나 한국 개최 (웹선교회 후원/총재 정문호목사,지

회장 오광수목사)

태국 내 라오스 난민촌 선교를 위하여 2인의 사역자를 파송하고, 20인의 난

민촌 내 교회 사역자 지원

태국교회 목회자 7인 (아피쎗,수라판,싸롯,캄행,쌈란,낏,나린) 한국교회 목

회훈련(1개월)

북태 매짠면 반짜이교회 개척 설립 (짜래꺼전도사)

북태 매아이면 파뗴교회 개척 설립 (홍전도사/폐쇄)

북태 반짜서교회 개척 설립 (쭈전도사/폐쇄)

정석천(한국지구촌선교회), 이교욱(아세아연합신학대학) 선교사 초청, Rev. Albert선교사(CRC 미국) 영입

1989년

주 후원교회를 왕십리교회에서 성현교회(이종영목사)로 변경

방콕목회대학원 건립 추진 (디렉박사 3,670평 기증/실패)

라오스 복음교회 교단 (회장 비타우목사/전주 안디옥교회 지원)을 지원하여 30여 교회를 재건

총회아시아선교사협의회 부회장 피선(2년)및 방콕대회 준비위원장으로 활동

방콕 할렐루야교회 개척 설립(2000년까지 담임목사로 시무, 피싸누전도사)

제5회 한,태 교회성장세미나 서울 개최

단창교회 교회당 헌당식 (서울 양문교회 지원)

빡촘교회 교회당 헌당식 (신부산교회 일부 지원)

치앙라이 반아꺼교회 개척 설립 (아파전도사)

매화루엉면 반파브교회 개척 설립 (폰싹전도사)

장병조(바울선교회), 김학영(CCC)선교사 초청

1990년

주태 한국장로교선교부 10주년 기념대회 개최

(1) 기념예배 거행(김창인목사),

(2) 방콕목회대학원 제1회 학위 수여식 거행(아피쎗/수라판/캄행/싸롯)

(3) 교사 건축 기공 예배

(4) 교회성장세미나 개최(강사 김창인목사, 이종영목사, 김경엽목사)

(5) 기념부흥회 개최(강사 김창인목사)

제6회 한,태 교회성장세미나 서울 개최

태국교회 목회자 6인(피싸누, 수다랏, 분깬, 짜래꺼, 수찻, 타위) 한국교회 목회

훈련(1개월)

"교회의 사역"(정승회) 태국어 교안 발간

김정숙음악선교사 (성현교회) 초청

1991년

태국복음주의연맹 내의 아시아선교사친교회 실행위원(2년)사역

라오스(원동교회지원)교회 15인의 교역자 생활비 지원 및 20인 사역자 교

육 실시

태국 기독교신문 "타이미쳔(Thai Mission)"고문(5년)

제7회 한,태 교회성장세미나 서울 개최

끄라누언교회 개척 설립 (수폿강도사)

쿤쑤웨이교회(쌩메전도사),

핫야오교회(짜이캄전도사)개척 설립

박경환선교사(상계교회) 초청

1992년

제8회 한,태 교회성장세미나 서울 개최

캘리포니아신학대학원에서 목회학박사 학위 취득

 (논문 "한국교회의 태국선교전략 연구")

총회선교훈련원 강사로 활동,

"목회학"(정승회) 태국어 교안 발간

북동부 러이도 쌍아우교회 개척 설립(뜨라이롱강도사/탈퇴)

나콘파놈도에 레누나콘교회(위왓퐁강도사)개척 설립(1995년 폐쇄)

배종원(구미제일교회), 김재양(원동교회)선교사 초청,

라오스에 김재양선교사 파송 후원

김성희, 유인섭선교사 영입,

1993년

방콕목회대학원 제2회 학위 수여식 거행(12인)

제9회 한,태 교회성장 세미나 서울 개최,

전북신학교 객원교수

GMS 태국 지부장 피선(1993-1995년)

할렐루야교회와 연합으로 라오스에 닛따야목사를 선교사로 파송

김건용선교사(한가람교회), 김현옥단기선교사(KCM 미국) 초청

1994년

태국장로교회 총회 제1회 목사 안수식 거행(아피쎗/수라판)

(한국교회의 태국선교 38년만에 최초로 거행된 목사 안수식)

제10회 한,태 교회성장세미나 서울 개최

태국교회 목회자 9인 한국교회 목회 실습(1개월)

KPM 선교부 15주년 기념 대회 준비위원회 구성(25인)

(짜란박사/쏨디박사/아룬목사/위치엔박사/쏨찻박사/파이툰박사/쌈릿목

사/디렉박사/티라박사/쁘라차목사/썰라윗목사/모리모또선교사/쏨낏장
로/수라폰목사/싸앗박사/참난목사/아누선장로/깡완장로/분쏭목사/말라
꼬목사/다니엘장목사/완목사/분씨목사/수난장로/닛따야목사/캄행교역
자/씨안목사/위라목사/타위차이목사/쌈란목사)
치앙라이 파야맹라이교회 개척 설립(분쁘리안전도사)
김학영선교사 KPM 선교부의 산족 선교 전담 시작(6월부터)
기독신보에 선교 간증문 30회 연재(태국인의 위험과)
"장로학"을 태국어로 번역(쏨찿박사) 발간
송용자, 심태국(GP), 노부히사선교사(C&MA) 영입

1995년

KPM 선교부 15주년 기념 대회 개최(1월10-11일, BCC 강당/예배, 음악회, 선
교세미나 등)
"GCOWE 95" 서울대회 태국 대표로 참석
"목회 상담학"(쏨찿박사) 발간
"태국인의 위험과" 선교 간증 및 논설집 발간
제1회 한인세계선교사회 지도력개발회의 방콕대회 준비위원장
이메일 개설 kpmthai@empas.com

1996년

총회세계선교사협의회 회장 피선(4년)
제4회 한인세계선교대회 웍샵 강사(휘튼 칼리지)
동북아 선교대회 태국 대표로 참석(서울)

쌍아우교회 교회당 헌당식(14x10m. 부산주례교회 지원)

끄라누언교회 수폿강도사 사임 및 우돔전도사 부임

수코타이교회 싸롯강도사 소천 (싸우와니강도사 부임)

제11회 한,태 교회성장 세미나 서울 개최

장순호, 이용웅선교사 영입

KPM 홈페이지 개설(http://www.kpmthai.org)

1997년

총회세계선교회 선교사 이사 사역

방콕목회대학원 제3회 학위 수여식 거행

 (텅팁,쏨늑,짜룬,쏨폰,분쁘리안,데팃,아파)

"GCOWE 97" 남아공 프레토리아 대회에 태국 대표로 참석

태국장로교회의 찬송가 (12월,20여명의 한국선교사 참여)발간

제12회 한,태 교회성장 세미나 서울 개최

파야맹라이교회 부지 및 건축물 구입(20만밧 지원)

매쑤웨이면 후웨이타앗교회 교회당 헌당식(성은교회)

"교회 개척과 성장"(정승회) "전도와 육성"(정승회) 태국어

교안 발간

김인기 단기 선교사 초청(1998년 5월까지)

이춘우선교사(삼례동부교회)초청(1999년 소환)

1998년

태국교회 목회자 5인 한국교회 목회 훈련(1개월)

방콕목회대학원 제4회 학위 수여식 거행(12월 제2교회당)

제13회 한,태 교회성장세미나 서울 개최

"교회 직분론"(정승회) 태국어 발간

완타니권사(싸막키탐 끄룽텝교회)의 선교비 지원(월5,000밧)

완타니권사 정승회선교사 생일파티 배설 시작

1999년 (괌에서 최초 안식년)

괌 태평양장로교회(조환목사)에서 안식년 (1년)

안식년 중에 3인 선교사의 반란(이춘우, 김정숙, 김건용)

김은옥 단기 선교사 초청(2001년까지)

박영성선교사(대구서부교회) 초청(2007년까지)

2000년

방콕 할렐루야교회(태국인) 담임목사 사임

할렐루야교회 수라판목사 위임 및 정승회목사 원로목사 추대

북동부 러이도 치앙칸교회 뜨리나이강도사 청빙

주 후원교회를 서울남노회 (진운섭목사)를 중심한 성광교회 (진운섭목사)
로 변동

KPM 태국선교후원회 개편 조직(회장 신세원목사)

2001년

KPM 선교부 총회 이양 문제로 태국선교의 위기를 맞음

치앙칸교회 교역자 (뜨리나이강도사) 후원교회의 문제로 사임

"웨스트민스터 대 요리문답서"태국어 초안(노라랏교수) 발간

강성춘, 김수안, 배종원선교사 영입

2002년

치앙라이 장로교신학교(PTS)개교 준비와 교사 건축계획

북동부 콘껜도 끄라누언교회 교회당 헌당식 거행

 (삼례동부교회 지원)

제14회 한,태 교회성장세미나 서울 개최(36명)

주 후원교회를 동광교회(김희태목사)로 변경(8월)

로저의 "설교문" 1,2권 번역(노라랏교수)

오광수, 진운섭, 이은익목사 KPM의 명예선교사로 추대

고유정, 위순득, 박필순, 박상선선교사 영입

2003년

브라질 교회성장 세미나 팀(오광수목사)강사로 활동

KPM 태국선교후원회 개편 (후원회장 진운섭목사)

미국 KCM 대학생들 태국 영어 캠프(7월)

치앙라이 장로교신학교(Presbyterian Theological Seminary) 건축 시작(11

월11일)

"태국선교 길잡이" 발간 (총회출판국)

2004년

치앙라이 장로교신학교 운영위원장 취임

(쌈릿목사 공동운영위원장 초빙)

치앙라이 장로교신학교 첫 학기 개학(8월6일)-50명 학생

치앙라이 장로교신학교 헌당식 거행(9월8일)-건축비 4억5천만원 소요

제15회 한,태 교회성장세미나 서울 개최(17명)

찬송학(정승회), 교회력과 목회계획(정승회), 예배학(정승회) 태국어 교안 발간

박훈선교사(한신교회) 초청(2006년2월말 철수-홀러신학교 연구 중 미국정착)

2005년

제2회 태국장로교회 목사 안수식 거행

 (분깬,뜨라이롱,우돔강도사)

(목사고시 및 안수위원-쌈릿목사,쏨찻박사,쏨디박사,디렉박사,수라폰목사, 쁘라차박사,쌈란박사,정승회,김학영,강성춘,박훈,박영성,김수안선교사 등)

2006년

PTS 신학교 기숙사 건축 준비(1월/김대중집사 지원)

대한예수교장로회 해외합동총회 태국노회 정기회의(5월/은혜교회당/노회장 피선)

성지순례 세미나 개최(5월23-25일/방콕싸막키탐 교회당/서병길목사)

제28회 대한예수교장로회 해외합동총회(괌) 태국노회 총대로 참석(부서기 피선)

수코타이 탐마티랏대학교 농대 교수단 한국 시찰단 인솔(9월)

제16회 한,태교회성장세미나 개최(10월)

수코타이 탐마티랏대학교 농대 특강(10-11월)

할렐루야교회 제1회 장로 장립식 거행(파수집사, 1월23일)

2007년

Wyclif University & Theological Seminary, CA. USA 와

PTS 학위 협정(1월)

불가리아, 그리스, 터키 방문(4-5월)

대한예수교장로회 해외합동총회에서 부총회장 피선

 (5월/오사까)

정승회선교사 Wyclif University 신학박사 학위 취득(6월8일)

Dean of Thailand Branch, Wyclif University &

 Theological Seminary, CA. USA

태국교회지도자들을 위한 목회학 박사과정 개설(9월/15인)

모친 최공순권사 소천(11월28일)

2008년

PTS 제1회 학위수여식 거행 (학사 5명, 석사 9명/11월11일)

PTS 신학교 기숙사 건축 시작(12x12m. 2층/3월31일)-예산 6천만원 김대중
집사 헌금)

제30회 대한예수교장로회 해외합동총회에서 총회장 피선

 (방콕은혜교회당/5월14-16일)

기아봉사단 훈련 참가(6월9-28일) 및 협동기아봉사단원 자격 획득

김범진, 김신 목사 가정 초청(완타니권사,6월29일-7월7일)

임중식,김미경선교사 초청(원주중부교회,8월)

정승회선교사 제2차 안식년 시작(12월/미국 LA)

2009년 (미국 오랜지 카운티에서 2차 안식년)

미국 오랜지카운티 베다니선교교회(조만옥목사)에서 안식년(2차)

미국 풀러턴에서 안식년 (12월15일 태국 귀환)

Wyclif University & Theological Seminary 강의 및 학위 수여식 참석(졸업
자-수라폰목사/쏨짜이목사/김영숙선교사/6월5일)

오렌지 예일교회(전효성목사)의 선교 지원 시작(2010-2011)

선교 후원자 김준곤목사,서만수선교사,위치엔박사 소천

2010년

PTS 방콕 분교 개설(4월)

PTS 한인학부 방콕에 개설(3월) 및 개강(5월)

정승회선교사 "자랑스런 총신인 선교사 상 수상"(5월)

Wyclif University & Theological Seminary 강의 및 학위 수여식 참석(6월4
일/오광수목사/완목사 명예신학박사 학위 취득/쏨짜이박사(기독교교육
학),수텝목사(목회학) 박사학위 취득)

완목사 명예신학박사 학위취득 축하예배(7월3일)

수텝목사 목회학박사 학위취득 축하예배(10월16일)

Wyclif 2기생(2010-2014년) 강의 시작

서울광일교회(문인현목사) 선교후원 시작(1월)

전북소망교회(정호균목사) 선교후원 시작(11월)

미국 베다니선교교회(조만옥목사) 선교후원(2010-2014년)

김태완선교사 영입(4월/태국 한인 사랑의교회)

장순호목사 회원권 회수(7월)

2011년

GMS 태국 중남부 지부(지부장 박영성) 활동 재개(1월)

서울 성은교회(이경진목사) 선교 후원 중단

용인 전대중앙교회(목사) 선교후원 중단

양문교회, 한빛교회, 대흥교회, 21세기선교회, 계령동부교회,

대전중앙교회, 타코마중앙장로교회 등의 선교 중단

신현두목사 영입(9월)

Wyclif University & Theological Seminary 강의(6월, 11월)

학위 수여식(6월3일) - 닛다장로(사판르앙교회) 명예신학박사학위 수여

정석천, 신병연선교사 선교학박사학위 취득 감사 및 축하예배(7월24일오후 4시) 거행

PTS 집중 강의 및 목회 훈련 (8-9월 6주간)

PTS 신학교 기숙사 건축 재개(8월/정화조, 화장실 2개 등 1층 공사 및 울타리 공사/오재근목사, 이영환장로, 방콕은혜교회(정석천선교사), 송평근집사, 김 성은집사 지원)

제17회 한, 태교회성장세미나 개최(10월4-14일/Wyclif 박사과정자 12명)

강사 및 재정지원 - 오광수, 문인현(170민원), 김부열목사(50), 양주성박사 (50), 윤상희박사(50), 김석주박사(30), 김신목사, 김범진목사

숙소지원 - 김예근권사, 김신목사(양서중앙교회), 박종대목사(노문교회)

식사 지원 - 양서중앙교회(김신), 박문한장로, 박인남집사, 이영환장로(대현 감리교회), 오재근목사, 강일교회(문인현목사), 총신대학교, 김신목사, 양서중 앙교회 남전도회,

과일 등 간식지원 - 용문평화교회(최덕규목사), 윤상희목사, 이정필목사, 최 인혁장로, 김용형장로,

양복 지원- 김혜순전도사(15벌),

선교후원 중단 - 평촌목양교회, 개령교회, 장로회원(정옥현)

미국필라델피아 사랑의교회(이국진목사) 지원 시작(2015년 중단)

2012년

기숙사 건축 재개 (김지영집사-목동지구촌교회/50만원, 이영환장로 등-대 현감리교회/100만원, 김영흡목사-성은교회원로/100만원 헌금/방콕은혜교 회(정석천)-10만밧)

닛다장로의 명예박사학위 취득 축하 및 감사 예배(2월19일)

PTS 학사관 개원(5월)

Wyclif 학위취득(6월) - 쌈릿목사, 쏨마이목사, 박종화, 정계선

Wyclif 부총장 취임(7월)

쌈릿박사, 쏨마이박사 학위취득 감사 및 축하예배, 남상훈부총회장 명예박 사 수여 (10월27일)

PTS 신학교 제2회 학위수여식 (11월6일/26명)

교역학석사(M.Div.)15명(조용득, 박종화, 박기정, 곽은경, 짜룬, 랏싸미, 싼띠 쑥, 데차, 싸랏차, 싹씻, 낫타차이, 참난, 완타니, 마리완, 낫타웃),

기독교교육학석사(M. C. Ed.) 3명 (완타니, 이경숙, 남팁),

신학사(B. Th.) 4명(낌촌, 티라웃, 박종화, 김진국)

기독교교육학사(B. C. Ed.) 4명 (판니, 정계선, 이경숙, 이상원)

엄용운목사 명예박사 수여식(11월10일/전주)

2013년

Wyclif 신년 파티(1월9일, 완타니권사 주선)

Wyclif 강의 (1월 2회, 2월, 4월 2회, 5월, 6월, 7월, 8월, 9월, 10월, 11월)

구리동명교회 찬양대 단기선교팀 영접(1월13-18일, 방콕)

부산주례교회 단기선교팀 영접 (1월18일-2월5일/치앙라이, 방콕)

GMTI 교수 및 연구위원으로 위촉 됨 (1월14일)

GMTI 강의(2월12-14일)

Wyclif 학위수여식(6월7일)-김영흡(명예신학박사), 쌈란(목회학박사)

서동국, 이혜선선교사 영입(8월/치앙마이)

수원제일교회(이규왕목사/10월부터) 선교 지원 시작

Wyclif Thailand 학위 수여식 (9월19일)-완타니(기독교교육학박사), 티나

꼰, 싹다, 피타야, 아티탄(목회학박사),

조용득, 박기정(목회학석사), 박종화(기독교교육학학사)

Wyclif-Korean Church Growth Seminar in Korea (10월1-11일)

찬송가 개편(할렐루야 찬송가) 출판 및 보급(1,000부, 11월)

2014년

Wyclif 신년 파티(1월23일, 완타니권사/박사 주선)

Wyclif 강의 (1월-정승회, 2월-쏨짜이, 3월-정승회, 4월-김수찬, 5월-안상근, 6월-티나꼰, 7월-서창원, 8월-안상근, 오광수, 정승회, 9월-정승회, 10월-?, 11월-완타니, 12월-쏨짜이)

닛다박사 소천(1월26일)

KPM 선교사(김학영, 강성춘, 박상선, 서동석, 신판호, 정승회) 구정 모임(1월30일/치앙라이)

오광수목사 90회생신 축하 잔치 배설(4월30일저녁-완타니권사)

신판호(정은신)선교사 영입(1월), 김진국선교사 영입(4월), 박기정선교사 영입(5월)

광주중앙교회(채규현목사/10월부터) 선교 지원

해외합동총회+미주합동총회 교단 합동총회 개최(5월18-19일/오랜지카운티)- 정승회선교사 부총회장 피선

Wyclif 학위수여식(6월7일)

분이은목사, 팟차니목사, 짜룬목사 명예박사학위 수여식(9월22일, 치앙라이)-수라폰박사, 완타니박사, 티나꼰박사, 박두헌박사, 정승회박사

PTS 제3회 학위수여식 거행(10월7일-9명)

-아폰목사, 수파차이목사, 잇사라꾼교수, 낏띠싹전도사, 김진국선교사(M. Div. -5), 찐따나사모, 조월형집사(B. C. E. -2), 분깬목사, 추싹(B. Th. -2)

2015년

후원자 오광수목사 소천 (1월23일/91세)

대한예수교장로회 미주합동총회 총회장 피선(4월29일)

Wyclif 학위수여식 거행 (6월5일) - 23명 졸업 (싸왕목사,

꼬라꼿목사, 마리완목사, 데차목사, 낫타차이목사-목회학박사 취득)

미주합동총회 태국노회 강도사 인허식 (7월16일 저녁)

위클립 논문 크래스 운영 (7월부터 월1회)

미주합동총회 태국노회 목사직 훈련 실시(조용득,박종화,
박기정,김진국)-7월부터

미주합동총회 제1회(해외) 총회정책회의 (8월4-7일 페낭,
랑까위)

위클립 태국분교 학위수여식 거행(8월27일) - 마리완,싸왕,
꼬라꼿,데차,낫타차이목사(5인)

Wyclif Night (Oct. 20, 17:30, Bua Srinakarin)-$25,055 모금

선교사 영입 - 전성호(손정숙), 박은실(조용득)-11월

제16차 인도차이나 한인선교사대회 강사 (10월26-30일/타운인타운호텔/정
석천 대회장)

제3차 안식년 출발 12월5일-2016년11월 (한국, 미국, 한국)

미국 전화 개설 (585-410-1682)

2016년 (미국 LA에서 3차 안식년)

미국 엘에이 타이밋천태국교회(몬뜨리목사)에서 안식년(3차)

Wyclif University 엘에이로 이사 (March 31)

"Sawadee Christian Mission" 법인 설립(CA, March 28)

미주합동총회 총회장 사역(4월까지)

Wyclif University 해외부총장 사역

시민권 선서 (9월20일)

Wyclif University 2016학년도 학위 수여식 (6월1일-수)

- 김영숙(명예신학박사-기독교교육분야)

Wyclif University 태국분교 2016학년도 학위 수여식

(11월17일, 방콕 싸막키탐교회당-아피씻, 수라판, 로나룽, 싼띠쑥, 아폰, 안롭-

박사, 김진국-석사)

2017년

(한국-4월, 11월, 미국-5-6월, 12-1월 방문)

미주합동총회 태국노회 케냐 한인교회 장로장립식 참석(3월5일)

GMS 원로선교사 추대 및 축하 (3월15일 18시/KPM Thailand)

Wyclif University 박사 논문 지도(1-3월, 6-10월, 12월)

제38회 미주합동총회 개최 (LA, 5월16-19일)

Wyclif University 2017학년도 학위수여식(6월9일, LA)

Supachai 학위수여식(7월27일, 수랏타니, 위앙싸교회당)

Wyclif University 태국분교 2017학년도 학위수여식(8월17일, Bangkok

Fellowship Church, -Chumnarn, Pichan, Isarakul, Jurairut)

PTS 집중강의 (8월, 치앙라이 본교, 9월 방콕 분교)

2018년

2018 (미국-2-3월, 한국-5-6월, 11월방문)

PTS 신학교 졸업 (3월3일)-찐따나-M. Div., 아파, 라루몬-B. Th.)

Commentary Class of Wyclif & PTS(Bangkok, Chiangrai)

Wyclif University 2018학년도 학위수여식(6월1일, LA)-Watha, Sasite,

Suwannee, Azariah, Sien, Jae Kuen Oh, Yong Sook Kim

Wyclif University 태국분교 2018학년도 학위수여식(5월17일, 방콕 싸막키 탐교회당)-씨안 / 와타, 싹씻, 수완니, 앗차리야

방콕할렐루야교회 폐쇄 (4월1일)-수라판목사 목회 19년만에 교회운영의 실수로 교인도 없고 재정도 없어서 자연 교회 문을 닫다.

Wyclif University 태국분교 릿트릿(목회자의 하나님의 소명과 목회-강사-정승회선교사, 30여명 참석)

서울동광교회 주후원교회 중단(5월,김희태목사)

익산북일교회 선교후원 중단(김익신목사,2월)

최현수 선교후원 시작(부친 최욱락 사장 대신)

태국선교 40년 보고서 발간

聖靈의 보내심을 받아 1 (1978-1986)-342면

泰國敎會의 必要를 따라 2 (1986-2002)　　　-351면

聖靈의 引導하심을 따라 3 (2003-2007) -372면

泰國敎會 指導者들과 함께 4 (2008-2012) -364면

泰國敎會 牧會者들을 博士로 5 (2013-2016) -392면

끝날 줄 모르는 泰國宣敎 6 (2017-2020)

태국선교 40년 설교집 발간

1권 태국선교 삼중주(204면)

2권 예수를 가까이 따르던 여인들의 복(210면)

3권 주님의 교회 되게하라(130면)

4권 돈받은 부활의 증인들(224면)

5권 지상교회의 천국생활(172면)

6권 웨스트민스터 소요리문답 설교(263면)

7권 마가와 함께하는 성경공부 (270면)

8권 사도행전 설교집

2019년 (미국-2-3월, 11월, 한국-5-6월,10월 방문)

우돔목사 끄라누언교회 목사 사임(1월1일)

끄라누언교회,단창교회,빡촘교회를 태국기독교총회 제6노회에 이양(4월

26일, 쌈릿목사,싹씻목사)

수라판목사 목사직 정직(4월15일) 및 면직(1년 후)

할렐루야교회당을 쁘라차웃팃교회(놉파돈목사)에 임대(4월말)

PTS 신학교 졸업식 (10월10일)-텅팁,쏨밋,판니-M. Div..)

"선교사의 선교지 적응" 발간 (10월)

Young Sook Kim 金英淑

전북 김제 죽산 출신 (만 74세)

정승회목사와 1973년 4월12일 결혼하여 남매(혜린-결혼 1남 1녀, 석-미혼)

와 손자와 손녀가 있다.

EDUCATIONS

Wyclif University & Theological Seminary, 명예신학박사 (2016년)

Wyclif University & Theological Seminary, CA, D.C.Ed. 과정 수료

Wyclif University & Theological Seminary, CA, M.C.Ed. 졸업

The Presbyterian Theological Seminary, Thailand, M.Div. 졸업

Midwest University, MO 기독교교육학 학사 (B.C.Ed.) 졸업

Chosun University 여자대학 원예학과 (Horticulture) 졸업

전주여자 중학교, 고등학교 졸업 (1963년 2월)

EXPERIENCES

대한예수교장로회총회(합동)김제노회 고등성경학교 교사(2년)

전라북도 여성회관 기술직 4급 공무원 (3년)

대한예수교장로회총회 (GMS) 태국주재선교사 (1978년부터 38년)

세계한인선교사회 여부회장 (1981년부터 2년)

태국장로교신학교 기독교교육학, 이스라엘 역사, 성경지리 교수 (2004년부터 13년)

Bibliography
참고도서

1. Korean

김남식. 네비우스 선교 방법. 서울 : 성광출판사, 1981.

김순일. 한국선교사의 가는 길. 서울 : 성광출판사, 1980.

박형룡, 교의신학 4, 기독론. 서울 :은성문화사, 1970.

벌코프, 루이스. 권수경,이상원역. 벌코프 조직신학. 서울 : 크리스챤 다이제
　　　스트, 2001.

이상근, 창세기 주해. 대구 : 성등사, 1988.

＿＿＿, 출애굽기 주해. 대구 : 성등사, 1989.

＿＿＿, 사무엘서 주해. 대구 : 성등사, 1990.

＿＿＿, 이사야서 주해. 대구 : 성등사, 1991.

＿＿＿, 예례미아서 주해. 대구 : 성등사, 1992.

＿＿＿, 마태복음 주해. 서울 : 총회교육부, 1966.

＿＿＿, 사도행전 주해. 서울 : 총회교육부, 1970.

＿＿＿, 고린도전·후서 주해. 서울 : 총회교육부, 1969.

＿＿＿, 옥중서신 주해. 서울 : 총회교육부, 1963.

＿＿＿, 데살로니가전·후서 주해. 서울 : 총회교육부, 1971.

전호진. 선교학. 서울 : 한국복음주의협의회, 1989.

정승회, *A Study on Church Planting Strategy of Korean Missions in*

Thailand, D. Min. Dissertation, California Graduate School of
Theology, CA, USA, 1992.

_____, 10 years of Thai Missions. Seoul : The Association for Supporting
KPM Thailand, 1991.

_____, *The Duty of Korean Church for Thai Missions*. Seoul : The
Association for Supporting KPM Thailand, 1988.

정승회, 태국인의 위험과, 기독신문사 출판국, 1995

_____, 태국선교 길잡이, 대한예수교장로회총회 출판부, 2003.

_____, 정승회선교사 태국선교 보고서 1978-2006년, The Korea Presbyterian
Mission in Thailand.

_____, 방콕목회대학원 핸드북, 1997년.

_____, 치앙라이 장로교신학교 핸드북, 2006년.

채기은, 정봉조. *The 60th History of The General Assembly of The
Presbyterian Church in Korea*. 서울 : 대한예수교장로회총회,
1973.

최찬영, 최찬영 이야기, 서울 : 죠이선교회, 1995.

2. Thai

Anamwattna, Tanom. *Prawat Saat Thai*(Thai History). Bangkok :
Srinakarinwilot, 1979.

Anuson 100 Bee Samakom Phrakristham Thai 1890-1990,
Bangkok:Thai Bible Society, 1990.

Aphaphirom, Anont. *Laksana Sangkom Lae Panhasangkom Kong Thai*.

Bangkok : O. S. Printing House Co. Ltd., 1989.

Buayen,Boonrat. *Annual Report of 21st General Assembly of CCT*.
Bangkok : The Church of Christ in Thailand, 1991.

Bunyaising,Karui. *Kaan Kaset Kong Chao Kao*(The Agriculture of
Tribal). Tamrueot Trawen Chaidaen vol. 5, 1966.

Burusapat,Kajadphai. *Chao Kao*(Tribal). Bangkok : Samnakpim
Phraeptiaya, 1985.

Cedes,G. Les Peuples. *De La Peninsule Indochinoise*. Beorisut, Panya
translation.

Chonchart Tangtang Nai Laem Indochin. Bangkok : Thai Wattana Panit,
1982.

Changrian, Paiboon. *Socio-Politics and Administration in Thailand*.
Bangkok : Thai Wattana Panit, 1984.

Chaiwan,Saad. *Ngan Sisayaphibarn* (Pastor's Ministry). Bangkok : The
Bangkok Graduate School of Pastoral Theolgy, 1988.

Chotisukkarat, Sangueon. *Thai Yueon-Konmeuang*(Thai-Vietnamese).
Bangkok : O. S. Printing House Co. Ltd., 1969.

Hill,Ronald C. *30th Anniversary Yearbook Thailand Baptist Theological
Seminary*. Bangkok : TBTS, 1983.

Ingkanart,Mataya. *Prawat Saat Thai* (Thai History). Bangkok : O. S. Printing
House Co. Ltd.,1986.

Kantatatbarmrung,Manas.*Kaansongkreo Chao Kao Nai Parkneua
Kong Tamrueot Trawen Chaidaen* (Police's relief for Traibal).

Phranakon : M.A. thesis, Tammasart University, 1965.

Kunngeon,Somsark. *Rattatammanun Haeng Racha Anachak Thai 2534* (The Constitution Thai 1991). Bangkok : Ordinary Prudence Publication House, 1991.

Mahachan,Pharadee. *Prawat Saat Thai Samaimai* (Modern Thai History). Bangkok : Amonkanpim,1983.

_____. *Pheuntarn Ariyatam Thai* (The Foundation of Thai Culture). Bangkok : Odian Store, 1989.

Nakapong,Sameo. *Satitee Keomun Kiawkap Sasna Tangtang 2532* (Information of Religious 1989). Bangkok : Department of Religious Affairs, Ministry of Education, 1989.

_____. *Ekasan Peoiphrae Kiawkap Ongkaan Sasna Tangtang* (Documents of Religious 1989).Bangkok : Department of Religious Affairs, Ministry of Education, 1989.

NaNakorn,Pleuang. *Prawat Wannakadee Thai Samrap Nakseuksa* (Thai History for Student) Bangkok : Thai Wattana Panit, 1980.

Natasupha,Chatratip.*Wattanatam Thai* (Thai Culture). Bangkok : Churalongkorn University, 1991.

Nishimoto,Robert. *The Leader's Companion vol. 20, Nov.-Dec. 1991.* Bangkok : Phraphornsingphim, 1991.

Ongsawan,Suksaman. *Prawatsaat Karnbokkrong Keong Thai* (Political History of Thailand). Bangkok : Churalongkorn University, 1991.

Pongsapich,Amara.*Wattanatam Sasana Lae Chatpan* (Culture, Religion and Race). Bangkok : Churalongkorn University, 1991.

Pongudom, Prasit. *Prawatsaat Saphakriszak Nai Pratet Thai* (History of the Church of Christ in Thailand). Bangkok : The Church of Christ in Thailand, 1984.

Pramot, M. R. V. Kukkrit. *Sataban Phramahakasat* (Royalty of Thai Kingdom). Bangkok : 1875.

Phusudsee, Somdee. *20th Anniversary of the Bangkok Bible College and Theological Seminary*. Bangkok : Prachumtong Kaanpim Co. Ltd. 1990.

Rakkaam, Wichien. *Wattanatam Lae Phreutikam Keong Thai* (Culture and Behavior). Bangkok : O. S. Printing House Co. Ltd., 1986.

Ratanabutra, Charan. *Annual Report 1990 of EFT*. Bangkok : the Evangelical Fellowship of Thailand, 1991.

_____. *Anuson Sipbaetbee Kammakaan Kaanpeomphunkriszak Nai Pratet Thai* (18th Anniversary of Thailand Church Growth Committee). Bangkok : Thailand Church Growth Committee, 1988.

Satirakul, Kamton. *Rattanakosin Bicentennial – An Illustrated Book on Historical Events*. Bangkok : Krusapha Business Organization, 1982.

Senanarong, Sawat. &Ngamnisai, Nom. *Thai Atlas*. Bangkok : Aksernchareontat Press, 1988.

Senanarong, Sawat. *Phumisaat Pratet Thai* (Geography of Thailand).

Bangkok:Thai Watana Panit,1989.

Sengpracha,Narong. *Foundation of Thai Culture*. Bangkok : Odian Store, 1989.

Sesato,Rachanikorn.*Krongsarng Sangkom Lae Wattanatam Thai* (Social system and Culture of Thailand). Bangkok : Odian Store, 1989.

Somdetkromphraya,Damrungrachanuparp.*Thai Rop Burma* (The War of Thai and Burma). Bangkok : Krangvitaya, 1958.

Sukapanit, Kangeon. *Tanandorn Phrai* (Social System). Bangkok : Samakom Sangkom Saat, 1972.

Suparp,Supatra. *Sangkom Lae Wattanatam Thai* (Society and Culture). Bangkok : Thai Wattana Panit, 1990.

_____. *Panhasangkom* (Social Problems).Bangkok : Thai Wattana Panit, 1991.

Swanson,Herbert.& Pongudom, Prasit. *Sasanakrit, Missionary, Sangkom Thai* (Church, Missionary, Thai Society). Chiangmai : the Church of Christ in Thailand, 1990.

Tahanbok,Kromyotaseuksa. *Banteuk Wichakaan Sasna Lae Sillatam* (Religious and Ethics). Bangkok : Mahamakutrachvitayalai, 1988.

Thainui Lae Pramueonvit 49 Kasat Thai (The Kings of Thailand). Phranakorn : Samnakpim Krangvitaya, 1961.

Tammapanta,Suphisaong.*Pheuntarn Wattanatam Thai* (Foundation of Thai Culture). Bangkok : D.D. Book Store, 1989.

TammanunKodKaanbokkrong. *bot Vinai Lae Keo Bangkap*

Kaanprachum (Rule of Meeting). Bangkok : the Church of Christ in Thailand, 1970.

Tiannoi, Wichai. *Phumisart Karnteongtiaw Thai* (Geography for Tour of Thailand). Bangkok : O. S. Printing House Co., 1985.

Tongsawang, Tawee. *Phumisart Pratet Thai* (Geography of Thailand). Bangkok : Odian Store, 1977.

Tongsawang, Boontaeng. *Phrarachakaraniakit Nai Kansongupatam Sasna Christ* (Religious of Christianity). Bangkok : Krongkarnsasna Krasuwong Seuksatikarn, 1986.

Warasarn Kriszak Presbyterian Nov. 1989 (Presbyterian Church News). Bangkok : the Korea Presbyterian Mission in Thailand, 1989.

3. English

Allen, Roland. *Missionary Methods: St. Paul's or Our's?*. Grand Rapids: World Dominion Press, 1962.

Basche, James. *Thailand: Land of the Free*. New York: Taplinger Publishing Co. 1990.

Benedict, Ruth. *Thai Culture and Behavior*. New York: Cornell University, 1973.

Beaver, R. P. *"Rufus Anderson's Missionary Principles"*, Christian Prediking in de Wereld. Kapen : J. H. Kok, 1965.

Bowring, Sir John. *The Kingdom and People of Siam*. London L Oxford University Press, 1977.

Brock, Charles. *The Principles and Practice of Indigenous Church Planting.* Nashville: Boardman Press, 1981.

Collins, Marjorie A. *Manual for Today's Missionary from Recruitment to Retirement.* Pasadena : William Carey Library, 1986.

Downs, R. C. Thailand:"*Struggling Church in a Stable Land*" Christ and Crisis in Southeast Asia. Op. cit

Eakin, Paul A. *Buddhism and the Christian Approch to Buddhists in Thailand.* Bangkok : Nai Rual Rungruangdhaim Publisher, 1960.

Embree, John F. *Loosely Structured Social Systems: Thailand in Comparative Perspective.* New Haven, Connecticut: Yale University, 1969.

Gilliland, Dean S. ed. *The World Among Us-Contextualizing Theology of Mission Today.* Dallas : World Publishing, 1989.

Glasser, Arther F. "*Deep Feelings of Ambivalence*" The Evangelical Response to Bangkok. Ralph Winter, ed. Pasadena: William Carey Library, 1973.

Hesselgrave, David J. *Planting Churches Cross-Culturally : A Guide for Home and Foreign Missions.* Michigan : Baker Book House, 1980.

Hiebert, Paul G. *Anthropological Insights for Missionaries.* Michigan : Baker Book House, 1985.

Hollinger, Carol. *Mai Pen Rai* (Never Mind). Bangkok : Asia Book Co. Ltd., 1977.

Jeng, Timothy. *Strategizing Leadership Tranining in Thailand.* D.Miss. dissertation, Fuller Theological Seminary, 1983.

Kanchananaga, Suraphong. *Thai Culture : Social Customs and Manners Thai Sports.* Bangkok, 1979.

Keyes, Charles F. *Thailand-Buddhist Kingdom as Modern State.* Bangkok : Duang Kamol, 1989.

Kim, Samuell, *The Unfinished Mission in Thailand.* Seoul : East-West Center for Mission Research & Development,1980.

Komin, Suntaree. *Psychology of The Thai People : Values and Behavioral Patterns.* Bangkok : Research Center National Institute of Development Administration, 1991.

Kraft, Charles. *Christianity in Culture-A Study in Dynamic Biblical Theologizing in Cross-Cultural Perspective.* New York : Orbis Books,1979.

MacFarland, BerthaBlount. *MacFarland of Siam.* New York: Vantage Press,1961.

McFarland, George Bradley. *History Sketch of Protestant Mission in Siam 1828-1928.* Bangkok : Bangkok Times Press, 1928.

MaGilvary, Daniel. *A Half Century Among the Siamese and Laos.* New York:Fleming H. Revell Company, 1912.

McLeish, Alexander. *To-Day in Thailand* (Siam). Great Britain:World Dominion Press, 1942.

Moore, Frank J. *The Dynamic of Politics and Administration in Rural*

Thailand. Ohio:Ohio University Center for International Studies, 1974.

Mulder, Niels. *Everyday Life in Thailand*. Bangkok:Ruen Kaew Press, 1979.

_____. *Inside Thai Society*. Bangkok : Duang Kamol, 1991.

Neil, Stephen. *A History of Christian Mission*. New York:Penguin Books, 1964.

Nevius, Helen S. C. *The Life of John Livingston Nevius*. New York : Fleming H. Revell Co.,1895.

Petchsongkram, Wan. *Talking in the Shade of the Bo Tree*. Trans & ed. Frances E. Hudgina, Bangkok : Thai Gospel Press, 1975.

Peters, George W. A. *Biblical Theology of Missions*. Chicago : Moody Press, 1972.

Phillips, Herbert P. *Thai Peasant Psychology*. L.A. : University of California, 1966.

Pongudom, Prasit. *The History of the Church of Christ in Thailand*. Bangkok:,Chaonpim Co., LMT., 1984.

Pongphit, Seri & Hewison, Kevin. *Thai Village Life*. Bangkok : Mooban Press, 1990.

Presbyterian Church. *Presbyterian Church in the USA Board of Foreign Missions Correspondence and Reports Thailand (Siam) 1840-1900*. Philadelphia:Presbyterian Historical Society, 1969.

Rogers, Peter. A. *Window on Isan*. Bangkok : Duang Kamol, 1989.

Seidenfaden, Erik Major. *The Thai People*. Bangkok : Prachandra Printing
      Press, 1976.

Segaller, Denis. *Thai Ways*. Bangkok : Asia Books Co. Ltd., 1989.

_____. *More Thai Ways*. Bangkok : Asia Books Co. Ltd., 1989.

Shaffer, Ervin E. *Mission-Thailand, Under The Shade of The Coconut
      Palms*. Bangkok : Thai Gospel Press,

Smith, Alex G. *Siamese Gold : A History of Church Growth in Thailand*.
      Bangkok : Kanok Bannasan, 1982.

_____. The *Gospel Facing Buddhist Cultures*. Taiwan : A.T.A. Press,
      1980.

Speer, Robert E. *The Church and Mission*. New York : George H. Doran
      Co., 1926.

Suriyakam, Singkaew. *Briggs of Chiangrai*. Bangkok : the Church of
      Christ in Thailand, 1962.

Swanson, Herbert R. *Krischak Muang Nua-A Study in Northern Thai
      Church History*. Bangkok : Chuan Printing Press Ltd. Part, 1984.

Syamananda, Rong. *A History of Thailand*. Bangkok : Thai Wattana Panit
      Co., 1986.

Terwiel, B. J. *A Window on Thai History*. Bangkok : Duang Kamol, 1991.

Thailand into the 80's. Bangkok : the Office of the Prime Minister,
      Kingdom of Thailand, 1979. 1984

The Church of Christ in Thailand. Thirty-Three Points Buddhist and.

Christian Teachings. Bangkok : Department of Christian Education and

Literature, 1962.

The Siam Society, ed. *Culture and Environment in Thailand*. Bangkok :
    Amarin Printing Group Co., Ltd., 1989.

Thomson, Virginia. *Thailand*. New York:MacMillan, 1941.

Tribal Research Institute. *The Hill Tribes of Thailand*. Chiangmai :
    Chiangmai University, 1989.

Wagner, C. Peter. *Frontiers in Missionary Strategy*. Chicago: Moody
    Press, 1971.

Wells, Kenneth E. *History of Protestant Work in Thailand 1828-1958*.
    Bangkok : The Church of Christ in Thailand, 1958.

_____. *Thailand and the Christian Faith*. Bangkok : The Church of
    Christ in Thailand, 1968.

_____. *Thai Buddhist Its Rites and Activities*. Bangkok : Suriyaban
    Publishers, 1975. Wongsang, Samrit. Achan Poorai Berinya.
    Bangkok:Vision Printing LTD.,Part, 1970.

Wood, W.A.R. *A History of Siam*. Bangkok : Chalermnit Bookshop,
    1959.

Wyatt, David K. *Thailand : A Short History*. London : Yale University
    Press, 1984.

CONTENTS
영문 목차

Dr. Hyung Yong Park

Dr. Wantanee Endo

The Settlement for Thai Church

The Following and Leading of the Thai Church

The Beneficial Missionary to the Thai Church

The Leadership of the Missionary to the Thai Church

CHAPTER VII THE RE-SETTLEMENT TO THE HOMELAND

The Completion of Missions

The Return to the Homeland

The Re-Settlement to Homeland

The Obligation of the Sending Church

THE CONCLUSION

ABSTRACT

The dissertation titled "A Study on the Mission Field Settlements of Korean Missionary in Thailand" is divided into nine chapters.

Chapter I presents the problem, the purpose of the research, the method of the research, and the limitations of the research. Chapter II covers the incarnation of Christ in missions. Chapter III deals with apostle Paul's missionary life. Chapter IV explores missionary Seung Hoi Chung's settlement in Thailand. Chapter V considers the calling and the identity of a missionary. Chapter VI examines the assimilation of the missionary to the local culture. Chapter VII inspects on the local church planting of the missionary. Chapter VIII deliberates on the return of the missionary to the motherland, the re-assimilation of the missionary to the motherland, and the responsibilities of the sending church. Chapter IX concludes with the conclusion and the proposal of relevant suggestions.

Chapter I - Introduction

A. The Problem. The Korean church is full of passion during the sending process; however, is unable to provide mission training for the missionary to get accustomed to the mission field. "The Problem" examines the obstacle which the missionary must face by beginning their mission works before they are fully acquainted with the mission field.

B. The Purpose of the Research presents the need for the sending Korean church to establish a local mission training institution in order to assist and train the new missionaries to fully assimilate to the mission field before burdening the tasks of the mission works.

C. The Method of the Research explores the Bible and examines the ministries of Jesus Christ and Paul, and the 30 plus years of experience of missionary Seung Hoi Chung with the intent of discovering the true method for missionary assimilation.

D. The Limitations of the Research recognizes the limitation that the study is based on the experiences of missionary Seung Hoi Chung solely in the Kingdom of Thailand.

Chapter II The Study of the Incarnation of Jesus as a Missionary.

To investigate the meaning of a genuine missionary, we examined how
God himself came to this world as Jesus Christ in order to burden
the redemption process for mankind.

A. The Godship of Jesus Christ investigates on the parallelism between
Jesus Christ maintaining his Godly status while in a human form
with the missionary maintaining his missionary status while
assimilating into the mission field.

B. The Manship of Jesus Christ investigates how Jesus Christ, who is
God, first spent 30 years as a human-being in order to successfully
burden the sins of mankind as its redeemer. Its correlations as the
prerequisite for a missionary to assimilate to the mission field
in order to successfully complete his missionary works is also
investigated.

C. The Cross and the Sufferings of Jesus Christ investigates the
similarity between the cross and the sufferings that Christ had to
endure with the hardship that the missionary will also have to face
in the mission fields. The call for astute resolutions to better prepare
future missionaries is presented.

D. The Resurrection and the Ascension of Jesus Christ investigates on
the ascension of Christ to the heavens after the completion of his
planned mission, and compares it with the missionary's eventual

return to the motherland upon his successful completion of his mission works.

E. The Second Coming and Heaven of Jesus Christ presents the idea of the importance of the glorious crown that awaits the missionary upon the completion of his mission works.

Chapter III The Study of Missionary Paul's Life

Apostle Paul is a role model for all missionaries. From the calling, the forsaking of oneself, the qualifications of a missionary, the missions vision, the missions preparation, the missions passion, the work of the holy spirit, and the conclusion of Paul's mission is investigated.

A. The Conversion and God's Calling of Paul examines Paul's conversion and Paul's calling to missions when Paul personally meets Christ at Damascus.

B. The Forfeiture of Paul investigates how Paul, a student of the Gamaleil, who possessed everything, treasured the gospel so much so that he gave up everything for it.

C. The Qualification of Paul explores the exemplary qualities that Paul possessed as a missionary and reflects on the high standards that we, as missionaries, need to strive to achieve.

D. The Missionary Vision of Paul examines how Paul does not carry out his mission works on his own agenda, but of those from God. An inspiration that we as missionaries must conscientiously follow.

E. The Preparation as Missionary of Paul examines Paul spending three years of preparations in Arabia after his calling. This example helps

reinforce the importance of preparations for missionaries.

F. The Passion towards Missions of Paul challenges us to be so

passionate about the gospel to the extent that others will say "you

know so much, it is crazy".

G. The Work of the Holy Ghost with Paul realizes the fact that mission

works and the works of the holy spirit must concurrently coexist;

otherwise, the mission works is meaningless.

H. The Death of Paul examines the emotional martyrdom of Paul upon

the completion of his missions and is an idealistic hope for those

working in the mission fields.

Chapter IV The Settlement of Missionary Seung Hoi Chung in Thailand

Moses' education, training, and preparation as a member of the royal

family in Egypt can be the basis of comparison to the dissertation

author's preparation and assimilation to the Thai culture. The

preparations started in Korea immediately following the author's

calling to missions. Additional preparations entails the successful

passing of the Thai national exam after a year of diligent studying of

the Thai language, the observation of the Thai churches (especially

the extended internship at the Suanphlu church), the travels

within the city of Bangkok, and the mentor-ship with the leaders

of the Thai church at the Thailand Church Growth Committee.

Specifically, the 15 years of listening to the lectures of the Thai leaders at the Bangkok Graduate School of Pastoral Theology has been a priceless experience in solidifying the deep understanding of the Thai people for the author. Furthermore, establishing and administrating the School of Thai-Tribal Church Workers and the Presbyterian Theological Seminary in Chiang-rai, and the Laos refugee camp mission experiences has allowed for a natural assimilation process.

A. The Preparation in Korea details the acquaintance with Pastor Vira and the first encounter with the Thai language and Thai culture while still in Korea; as well as, the co-entry to Thailand with Pastor Vira.

B. The Union Language School details the year spent at the Thai language school established by the Church of Christ in Thailand for missionaries, the passing of the Thai national exam, and the weekly visitations of the Thai churches with the assistance of Pastor Vira.

C. Through the Thailand Church Growth Committee details the autonomous missionary training through the interactions and mentor-ship with the exceptional Thai church leaders through the duties of the committee.

D. Through the Korea Presbyterian Mission in Thailand details the establishment of the ministry organization, which served as its cornerstone, shortly after one year of landing in Thailand. With the help of the Evangelical Fellowship of Thailand, the organization was officially registered with the Thai government's religious department, and began to receive financial assistance from the Thai government.

E. Through the Bangkok Graduate School of Pastoral Theology details the establishment of the pastoral training programs in 1985, and the expedited learning of the Thai culture through weekly lectures for 15 years. This later served beneficial towards paving the ideal path to carry out the mission works.

F. Through the School of Thai-Tribal Church Leaders details the exposure to Thai tribal groups through the tribal church planting, and the subsequent establishment the School of Thai-Tribal Church Leaders to train and elevate the quality of the tribal church pastors.

G. Through Missionary Work and Sending of Missionary to Laos details the experience of sending the first missionary to Laos following the visitations of Laos refugee camps with moderator, elder Somkit of the 13th Presbytery of Church of Christ in Thailand in Udon.

H. Through the Presbyterian Theological Seminary in Thailand details how God provided the author with the task of elevating the level of the Thai pastors to the advanced degree status through the establishment of the Master of Divinity program, and the resulting deeper understanding of the Thai culture by the author.

Chapter V The Calling of God for Missionary and Its Identity

Chapter V is based on the investigation, outlined in Chapter II and

Chapter III, of Jesus Christ and Paul as examples of what a genuine missionary pertains. In order to successfully assimilate to the mission fields, the need to remain steadfast to the calling from God and the identity of a missionary is discussed.

A. The Calling of God discusses the prerequisite of God's calling as the primary requirement for a missionary.

B. The Preparation discusses the haste in acceptance and preparation required for the missionary, immediately following his calling from God.

C. The Identity of Koreans and Korean Christians discusses how Christ maintained his Godship throughout His ministry, and similarly the need for Korean missionaries to maintain his identity as a Korean and a Korean christian. The lost of either the Korean identity or the faith of the Korean christian may invalidate the qualifications of a missionary.

D. The Korean Faith discusses how the Korean church desperately received the faith and teachings of the Church in the New Testament, and how the missionary must also diligently maintain this faith, in order that it may be beneficial to the people at the mission field.

E. The Korean Church discusses the success of the Korean church through the emulation of the Church in the New Testament's faith and teachings, and the need to follow this example in the mission fields as well.

F. The Korean Society discusses how the Korean church revival can be
credited to the passion of the Korean society, and the need for the
missionary to probe the mission field society and correctly identity
the strength of the society.

G. The Korean Culture discusses the importance of understanding the
mission field culture, and to correctly utilize it in order for the
evangelism to occur with ease.

Chapter VI The Assimilation of Missionary in The Mission Field

The incarnation of Jesus Christ is the archetype for the missionary to
follow. The genuine missionary must first adapt and assimilate to
the mission field before truly indulging in his mission works. Learn
and understand the new culture, train in the new language, adapt
to the new society and culture, and gain awareness of the local
religion. These adaptations must occur all while maintaining the
identity of the missionary.

The Identity and the Adaptation of the Missionary proposes that the
missionary must always maintain his missionary identity, and the
lost of this identity signifies the incorrect assimilation to the mission
field.

The Understanding and the Assimilation of the Missionary proposes the
need for significant amassing of local knowledge and understanding
of the local cultures and customs in order for the missionary to

successfully assimilate.

The Learning of the Thai Language by the Missionary proposes the need for a comprehensive local language training, and for a continuous learning of the language to conserve the quality of the ability to communicate with the locals. This is by far the most important factor to successfully assimilating to the mission field.

The Adaptation to the Thai Society by the Missionary proposes the need for the missionary to work diligently to become accustomed to the local customs quickly, because it may differ tremendously from their homeland and because humankind are social creatures.

The Adaptation to the Thai Culture by the Missionary proposes the need for the missionary to adapt to the local culture with all their might, as it may be completely different, even though Thailand is also an Asian culture.

The Understanding of the Thai Religions by the Missionary proposes the need for the missionary to study the different faiths and religions at the mission field. Starting with the native religions and expanding to the international religions, it will be of utmost importance to study the religions and to understand the flaws of the religions in order to utilize the shortcomings of those religions to evangelize the gospel.

Chapter VII The Missionary Settlement of Thai Churches

The assimilation process of the missionary does not end with adapting to the mission field culture. The missionary must also adapt to the mission field churches. The mindset of the missionary must be changed in order for this adaptation to be completed. The missionary must examine the pros and cons of the christian situation at the mission fields, and determine which parts to accept and which parts to reform. Through this process the missionary can assess what needs to be enhanced and what needs to be maintained as is. Moreover, the missionary's leadership will be required to benefit the mission field churches to properly carry out their great commission. When the local churches become capable of carrying out the great commission can the missionary be seen as fully assimilated to the mission field.

A. The Spiritual Transformation of the Missionary examines the need for the missionary to completely change their mindset in order to adapt to the mission field. To dramatically change the mental mindset can be seen as the way of the missionary.

B. The Understanding and Reception of the Thai Church examines the likelihood of the gospel already having reached the mission field of interest; therefore, placing the importance of understanding the local churches and determining the magnitude of change that may be required.

C. The Settlement for Thai Church examines the seamless transition of the missionary becoming a member of the local church as a result of working in cooperation with the local church. At this point, the missionary must be able to determine what customs to follow and what not to follow in order to correctly carry out their missions.

D. The Following and Leading of the Thai Church examines the missionary collaborating with the members of the local church. While being respectful, the missionary must be able to determine the non-biblical teachings that is hindering the growth of the church, and further develop its strengths and gradually reform the weaknesses.

E. The Beneficial Missionary to the Thai Church examines how the missionary's talent will become beneficial to the local church upon the successful assimilation of the missionary to the mission field. Additionally, the missionary's leadership must be exercised going forward.

F. The Leadership of the Missionary to the Thai Church examines the missionary as a leader and the importance of the missionary in the leadership role at the local church after their successful assimilation.

Chapter VIII The Re-Settlement to The Homeland

It is natural for the missionary to return to the homeland upon his completion of his missions; however, due to the inability of the sending churches in Korea, the missionary is often left orphaned at the mission fields. These occurrences give rise to the question of whether the Korean church is currently carrying out the great commission effectively.

A. The Completion of Missions examines the paradox of the missionary's return to the homeland upon the completion of the missions and the lack of preparedness of the sending Korean churches.

B. The Return to the Homeland examines the occasional instances where the missionary, upon the completion of their missions, is unable to return to the homeland or is faced with significant hardship upon returning to the homeland.

C. The Re-Settlement to Homeland examines the difficulty for the missionary, upon their return, to again adapt and assimilate to their homeland. It is pointed out that these difficulties have led some missionaries to remain at the mission fields rather than to return to their homeland.

D. The Obligation of the Sending Church warns of the lack of support towards the missionary in terms of minimal living needs, such as place of residence and grocery expenses, upon their return to the homeland compared to the passion shown during the sending of the missionary to the mission fields. Additionally, the possible detrimental effect towards missions by the lack of resolution to this situation is addressed.

Chapter IX The Conclusion

A. The Conclusion summaries the characteristic aspects of the well assimilated missionary. The broad and comprehensive understanding of the mission field, the ability to identify the needs of the mission field, the ability to see the vision for the mission field, and the ability to resolve the difficulties encountered at the mission field are the traits of the adapted missionary.

B. The Proposal suggest the need for the establishment of a local training program at the mission field by the senior missionaries and the sending churches in order that the new missionaries can adapt and assimilate properly and perform their missions successfully.